ISBN 978-3-649-63966-4

© 2021 Coppenrath Verlag GmbH & Co. KG,
Hafenweg 30, 48155 Münster, Germany
Grafische Gestaltung: Thomas Wolters, Internetlitho
Redaktion: Kai König

www.coppenrath.de

Keine Zeit, bin in Rente

Mit Illustrationen
von Thorsten Saleina

COPPENRATH

Inhalt

Sławomir Mrożek

Das neue Leben

Ich beschloss, ein neues Leben zu beginnen. Entschieden und unwiderruflich.

Blieb nur die Frage: Ab wann?

Die Antwort ließ keine Zweifel offen: Ab morgen. Als ich am nächsten Tag aufwachte, stellte ich fest, dass ja wieder heute ist, genauso wie gestern. Da ich mein neues Leben morgen beginnen wollte, konnte ich heute kein neues Leben anfangen.

‚Noch ist nichts verloren‘, dachte ich mir. ‚Morgen wird ebenfalls morgen sein.‘

Und ich verlebte den Tag ruhig, wie immer auf die alte Weise. Nicht nur ohne Gewissensbisse, sondern voller guter Gedanken und gesteigerter Hoffnungen.

Aber was sollte ich machen, als am nächsten Tag wieder heute war, ähnlich wie gestern und vorgestern?

‚Das ist nicht meine Schuld‘, dachte ich, ‚dass irgendein Teufel immer das Morgen in heute verwandelt. Mein Beschluss ist einwandfrei, unwiderruflich. Versuchen wir es noch einmal, vielleicht wird der Teufel müde, und morgen wird endlich morgen sein.‘

Leider war es nicht so. Immer nur heute und heute. Schließlich verlor ich die Hoffnung. ‚Dieses Morgen wird nie kommen', dachte ich. ‚Angesichts dessen könnte man das neue Leben nicht von morgen an, sondern von heute an beginnen.' Ich durchschaute aber sofort die Absurdität dieses Gedankens. Denn wenn sich dieses Heute unveränderlich schon seit ewigen Zeiten wiederholt, dann ist das schon sehr alt, und jedes Leben heute muss auch alt sein. Ein neues Leben ist ein neues Leben, möglich ist es nur von Neuem, also von morgen an, wenn es ein wirklich neues Leben sein soll.

Und ich ging mit dem ganz starken Vorsatz schlafen, dass ich von morgen an ein neues Leben beginne. Denn trotz allem gibt es doch immer irgendein Morgen.

Käthe Lachmann

Unruhestand

Meine Freundin Elisabeth habe ich beim Yoga kennen-
gelernt. Sie ist zwar schon siebenundsechzig, aber sie
kommt beim „Hinabschauenden Hund" mit den Fer-
sen auf den Boden – im Gegensatz zu mir. Sie sagt, das
liegt daran, dass sie schon beim Betriebssport regelmäßig zum Yoga gegangen ist. Jetzt hat sie gleichzeitig mit
mir angefangen, dieses Sauna-Yoga auszuprobieren.
Bikram-Yoga heißt es, und man macht die Übungen
bei vierzig Grad. Elisabeth sagt, sie geht eigentlich gern
in die Sauna, kommt aber so selten dazu, seit sie im
„Unruhestand" ist. Deshalb findet sie Bikram-Yoga so
toll, weil sie dort Yoga und Sauna kombinieren kann.
Überhaupt kombiniert Elisabeth gern.
Als wir nach dem Yoga zum ersten Mal einen Kaffee
zusammen getrunken haben, haben wir die ganze Zeit
Englisch miteinander gesprochen. Denn Elisabeth
macht seit Kurzem einen Englischkurs. Und einfach
nur so Kaffee trinken mit einer eigentlich Fremden, das
hätte sie als Zeitverschwendung empfunden. Denn
Zeit hat sie nicht viel. Deshalb haben wir also geübt,

und für mich war das ja auch nicht schlecht, meine Englischkenntnisse aufzufrischen. Wir machen das jetzt immer.

Wenn Elisabeth auf ihren Enkel aufpasst, auf den sechsjährigen Jonah, dann verplempert sie auch nicht ihre Zeit auf dem Spielplatz, sondern sie setzt ihn auf ihr E-Bike hintendrauf und macht Besorgungen, im Supermarkt, in der Apotheke, bei der Bank. Elisabeth fährt überallhin mit ihrem E-Bike. Sie ist Patin eines Esels. Der heißt Gino. Jede Woche fährt sie mit Jonah zu ihm. Sie bringen ihm eine Karotte mit und kraulen ihn an den Ohren. Gino lebt auf einem Gnadenhof und Elisabeth gibt einen nicht unerheblichen Teil ihrer Rente für Gino aus. Wie es kommt, dass Elisabeth meine Freundin geworden ist? Nun, das frage ich mich auch oft. Schließlich hat Elisabeth eigentlich überhaupt keine Zeit für weitere Freundschaften. Sie singt in drei Chören und ist ständig auf Feiern von irgendwelchen Vereinen und Firmen eingeladen, in denen ihr verstorbener Mann gern gesehen war.

Außerdem hat sie eine Menge Freundinnen und einen Garten, den sie schon gepachtet hatte, als sie noch bei einem großen Versandhaus arbeitete. In einer Mischung aus Angst und Vorfreude hatte sie sich für ihren Ruhestand sehr viel vorgenommen, was sie jetzt alles kaum schafft. Ihre Zeit als Sekretärin fehlt ihr nicht und ihre ehemaligen Kolleginnen lädt sie regelmäßig zum Kaffeekränzchen zu sich nach Hause ein. Natürlich backt sie dafür selbst. Einmal habe ich sie besucht, als ihre ehemaligen Kolleginnen gerade gegangen waren. Ich fragte, ob ich störte, denn sie sah etwas geschafft aus. Aber sie sagte nur: „No, no, nothing planned for the rest of the day, come in!" Wenn ich es richtig verstanden habe, fand sie es also gut, dass sie für mich keinen Extra-Tag anbrechen musste.

Ich mag Elisabeth, sie ist heiter und neugierig und sie ist ein bisschen ein Vorbild für mich. Ich möchte auch so werden wie sie, wenn ich mal nicht mehr arbeite. Vielleicht nicht ganz so, denn ich würde ungern auf einen Mittagsschlaf verzichten.

Manchmal schneidet sie Sinnsprüche aus und bringt sie mir zum Yoga mit. „Jeder Tag ist ein freundlicher Tag, wenn du ihm mit einem Lächeln begegnest" zum Beispiel. Sie findet viele ihrer Sprüche im Internet und verteilt sie unter ihren Freundinnen. Viele ihrer Sinnsprüche haben auch mit Zeit zu tun, wie etwa der: „Wenn die Zeit kommt, in der man könnte, ist die Zeit vorüber, in der man kann." Und sie könnte am liebsten noch viel mehr. Schließlich beklagt sich Elisabeth immer wieder darüber, so wenig Zeit zu haben, seit sie in Rente ist.

Als sie noch arbeitete, meint sie, hatte sie immer gut acht Stunden Zeit für sich selbst. Aber jetzt, zwischen all der Gartenarbeit, den Besuchen und allem anderen? Das ist Stress pur! Dabei würde sie eigentlich gerne mal nach England reisen. Nach London, weil sie ja ein großer Fan ihrer Namensvetterin, der Queen, ist. „But I don't have any time!", beschwerte sie sich erst neulich darüber. Früher hätte sie wenigstens mal Urlaub gehabt, sogar bezahlten Urlaub, da wären all die anderen auch ohne sie zurechtgekommen, und sie wäre mit Günther in sonnige Gefilde gefahren, weil Günther, ihr Mann, so gerne am Strand gelegen hätte. Jetzt, wo sie alleine ist und auch mal ins als regnerisch verschriene England reisen könnte, kann sie es nicht, weil sie keine Zeit hat. „Why don't you have holidays when you are retired?", fragte sie mich. „Or, at least, a free weekend?" Das war, als ich sie zwischen zwei Stunden Jonah hüten und einer Chorprobe erwischte. Aber all das hielte sie jung, erklärte sie mir. Genau wie das Vorlesen im Altersheim, was sie hauptsächlich in der Vorweihnachtszeit macht, aber auch über das Jahr immer wieder anbietet, um den alten Menschen eine Freude zu machen und sich selbst jünger zu fühlen, wie sie zugibt.

Als ich sie neulich zu Gino begleitete (Jonah war mit den Eltern im Urlaub), da hörte sie sich richtig schlecht an. Sie war nicht „gut drauf" und sprach sogar Deutsch mit mir, denn Englisch sei ihr heute zu anstrengend, wie sie mir erklärte. Sie habe seit einigen Wochen Schlafstörungen, komme abends nicht zur Ruhe und selbst Yoga helfe ihr nicht mehr richtig. Außerdem sei sie grüblerisch und immer von Müdigkeit geplagt. Ihre Hausärztin habe ihr einen „Burn-out" attestiert, was sie für lächerlich hielt. Schließlich bekam man den ja wohl nicht in der Rente, ärgerte sie sich und erzählte mir von ihrem Plan, die Hausärztin zu wechseln.

„Aber die kennt dich doch schon viele Jahre und bisher warst du doch immer zufrieden …", meinte ich.

„Bisher hatte ich ja auch nichts! Vielleicht mal einen verspannten Nacken oder Verdauungsprobleme, aber ansonsten bin ich doch kerngesund!", fuhr Elisabeth mich in einem gereizten Ton an, wie ich sie noch nie gehört hatte.

Huch, dachte ich, sie muss vielleicht wirklich etwas kürzertreten.

Weil dies das letzte Mal gewesen war, dass ich länger mit Elisabeth gesprochen hatte, und wir nur noch knappe SMS austauschten, begann ich mir wirklich Sorgen um sie zu machen. Eines Tages traf ich ihre Freundin Rosa, und die erzählte mir, dass sie Elisabeth auch schon länger nicht gesehen hatte. Wie ich dann erfuhr, hatte sie ihren Freundinnen nichts von dem Arztgespräch erzählt.

„Burn-out!" Rosa klang geradezu ehrfürchtig. „Ich dachte, das kriegen nur irgendwelche Manager!" Sie schüttelte den Kopf. „Dabei ist sie doch im Ruhestand!"

„Na ja", entgegnete ich, „sie muss ja schon auch eine Menge managen! Den Esel, den Enkel, den Garten, die Chöre, die Lesungen und sonst auch noch einiges …"

„Aber sie macht doch Yoga?"

„Ja, aber wenn das nur noch ein zusätzlicher Termin ist, wirkt das natürlich auch nicht nur entspannend." Rosa stimmte mir zu und sagte: „Gut, dass wir gesprochen haben. Ich bringe ihr auf jeden Fall mal Lavendeltee gegen die Schlafstörungen."

Wir verabschiedeten uns, nicht ohne vorher unsere Telefonnummern auszutauschen und uns zu vergewissern, dass wir uns etwas einfallen lassen wollten. Für Elisabeth.

Um herauszubekommen, wie wir Elisabeth unterstützen konnten, wollte ich mich mit ihr auf einen kleinen Spaziergang am Wochenende verabreden. Sie klang fahrig und unfroh am Telefon: „Am Samstag? Wie stellst du dir das vor? Ich helfe Biggi beim Flohmarkt! Und danach fahre ich mit Jonah zu Gino, weil er sich das gewünscht hat." Elisabeth machte überhaupt keine Anstalten mehr, Englisch zu sprechen. Es musste wirklich schlimm um sie stehen. Aber ich hatte eine Idee … Am selben Tag noch rief ich Rosa an und erzählte ihr von meinem Plan. Sie war begeistert und versprach mir, den anderen Freundinnen und Elisabeths Tochter Bescheid zu geben.

Wenige Wochen später war es so weit: Wir trafen uns alle an einem Dienstagabend bei mir, als Elisabeth wieder einen Chorauftritt hatte. Ich hatte ein paar Flaschen Rotwein gekauft, Käse und Baguette und die Damen griffen beherzt zu. Sie schnatterten, lachten und schienen voller Tatendrang zu sein. Zu dumm, dass ich mir kein Megafon besorgt hatte. Ich probierte es ohne.

„Wir haben uns heute hier versammelt, weil es unserer Freundin, Mutter und ehemaligen Arbeitskollegin schlecht geht. Wir wollen ihr helfen!", schmetterte ich in die Runde. Ich war richtig euphorisiert, weil 22 Damen gekommen waren. „Jawoll!", riefen sie und „Wie wahr!" So ähnlich mussten sich die Anführerinnen der Sufragetten gefühlt haben. Eine Zweiflerin fragte: „Aber wie wollen wir das anstellen?"

Jetzt schlug meine große Stunde: „Wie ihr alle wisst, ist Elisabeth ein großer England-Fan, obschon sie noch nie da gewesen ist. Deshalb schenken wir ihr zum Geburtstag eine Reise nach England!" Tosender Applaus brandete auf, falls man das bei 22 älteren Damen schon sagen kann, Jubel erfüllte den Raum, ich machte eine beschwichtigende Handbewegung und fuhr fort: „Ihre Tochter Biggi und deren Mann sind mit 300 Euro dabei. Den Rest müssen wir zusammenkriegen!"

„Ja, das schaffen wir!" und „Ich gebe hundert!" klang es aus zahlreichen Kehlen. Bevor jemand irgendetwas dagegen einwenden konnte, bat ich abermals um Ruhe und fuhr dann fort: „Es geht gar nicht nur darum, Geld für die Reise zu sammeln. Wir müssen unsere Zeit investieren, in all die Projekte, die Elisabeth hat und unterstützt. Wenn wir nicht zusehen, dass alles weiterläuft während ihrer Reise, wird sie erst gar nicht wegfahren. Das heißt, wir müssen in den zwei Wochen überall für sie einspringen. Und …", ich machte eine Kunstpause und blickte mich bedeutungsschwanger um, genau so, wie ich es einmal in einem Hollywoodfilm gesehen hatte, „vielleicht finden wir ja auch Gefallen an der ein oder anderen Sache, die Elisabeth macht, und können ihr Arbeit abnehmen!"

Sofort redeten alle wild durcheinander und eine brüllte wie am Spieß: „Der Garten! Ich teile mir mit ihr den Garten! Ich hab ja Zeit, ich bin ja Rentnerin!" Alle

lachten und ließen sie wissen: „Elisabeth doch auch!"
Wir machten eine Liste von all den Dingen, die Elisabeth so in ihre Wochen packte: Gartenarbeit, Enkel hüten, im Altersheim vorlesen, drei Chorproben plus Konzerte, die Eselpatenschaft, monatliche Kaffeekränzchen für die ehemaligen Kolleginnen und Hausbesuche bei kranken Freundinnen. Dazu kamen Besorgungen, Yoga, Englischkurs und Veranstaltungen der Vereine und der Firma ihres Mannes, bei denen wir sie schlecht ersetzen konnten. Wir wählten zwei Wochen aus, in denen die meisten von uns Zeit hatten, ich setzte mich an den Rechner mit lauter aufgeregten Damen um mich herum und buchte für acht von uns, die mitwollten, plus Elisabeth eine England-Rundreise inklusive drei Tagen London.

Elisabeths Geburtstag rückte immer näher und ich wunderte mich, dass ich keine Einladung, nicht einmal zum Kaffeetrinken, erhielt. Als ich sie anrief, um beiläufig zu fragen, was sie an ihrem Geburtstag vorhatte, kam sie mir zuvor. In ihrem neuen, gereizten Tonfall erklärte sie mir, dass sie an ihrem Ehrentag in ein Wellnesshotel fahren wollte, weil sie vorhatte, „mal zu entspannen". Allerdings ginge das nur für eine Nacht, weil davor Günthers Firma ihr fünfzigstes Firmenjubiläum feierte, bei dem sie Ehrengast war, und danach eine Zusammenkunft der Eselfreunde auf Ginos Gnadenhof anstand. Aber in den vierzehn Stunden im Wellnesshotel wollte sie sich ihren Burn-out „wegschwimmen, wegmassieren und überhaupt weganwenden lassen", wie sie wortwörtlich sagte. Sie habe dort rund um die Uhr Termine ausgemacht, von der Pediküre bis zur Kopfhautmassage, und sei guter Dinge, hinterher entspannt und gut gelaunt nach Hause zu kommen. Im Übrigen müsse sie jetzt los, sie habe zu tun, was ich ihr ohne weitere Fragen abnahm. Puh. Zum Glück konnte ich noch die Adresse des Wellnesshotels erfragen, bevor wir auflegten.

Wir hatten einen Kleinbus für die Fahrt zum Wellnesshotel gemietet und Helena, eine von Elisabeths ältesten Freundinnen, saß am Steuer. Mit insgesamt sechzehn Damen fuhren wir in aller Herrgottsfrühe in Elisabeths Hotel, um ihr schon zum Frühstück ein Ständchen zu bringen und unser Geschenk zu überreichen. Im Umschlag mit dem Reisegutschein lag auch eine Liste, welche Freundin sich bereit erklärt hatte, welche Aufgabe zu übernehmen. Als der Bus mit uns aufgeregten Frauen am Zielort ankam, wuchs unsere Unsicherheit: Würde Elisabeth sich freuen? Es war halb sieben, als wir uns im Frühstückssaal formierten. Die freundliche Dame an der Rezeption hatte uns schon am Telefon erklärt, dass die meisten Besucherinnen gegen sieben frühstückten. Elisabeth erschien kurz nach halb acht und wir legten los mit unserem im Bus geprobten Geburtstagsmedley aus vier verschiedenen Liedern.

Elisabeth war mehr als gerührt, schon als sie uns nur dastehen sah. Sie umarmte jede Einzelne von uns, während bei ihr die Tränen strömten.

„Danke, danke, danke!", schluchzte sie. Die anderen Hotelgäste waren längst in unseren Chor eingefallen und applaudierten nun dem Geburtstagskind. Als wir ihr das Geschenk überreichten, war es vollkommen um Elisabeth geschehen. „England!", stammelte sie, „London! Ihr seid ja verrückt! Und ihr kommt sogar mit! Wie ich mich freue! Und ihr anderen passt auf, dass hier alles weiterläuft – danke! Ich schäme mich so, ich war so gereizt und hatte nie Zeit für euch in der letzten Zeit, und statt mich zu verfluchen das hier …"

Sie stapfte mit uns im Schlepptau zur Rezeption. „Stornieren Sie bitte alle Anwendungen für heute – ich möchte stattdessen mit meinen Freundinnen frühstücken, und zwar ausgiebig!"

Als wir nach einem vierstündigen Frühstück wieder zurückfuhren, hatten wir Elisabeth mit an Bord. Sie schaute nachdenklich aus dem Fenster, als sie sagte: „Ihr habt ja recht. Ich muss wirklich kürzertreten. Und

England ist der Startschuss! Gut, bis dahin gibt es noch einiges zu erledigen: Ich muss zum Frisör, nehme vielleicht ein paar extra Yogastunden, weil ich in England bestimmt nicht dazu komme, und mache noch schnell einen Englisch-Intensivkurs, es gibt demnächst noch einen am Wochenende – und Bücher über England möchte ich lesen und mir eine Liste machen, was ich alles sehen möchte, auf jeden Fall die Klassiker…"

Mehrere Freundinnen hatten versucht, Elisabeths Redefluss irgendwie zu stoppen, aber nur Helena hatte Erfolg. „Stopp!", brüllte sie. „Wir machen URLAUB in England! Und ich sorge höchstpersönlich dafür, dass das auch einer wird, und zwar ab jetzt!" Und mit einem „Mittagsschlaf!", das keinen Widerspruch duldete, reichte sie Elisabeth Schlafbrille und Ohrstöpsel. Unter dem Applaus aller Frauen setzte Elisabeth die Brille auf und wünschte allen „Good Night!", bevor sie die Stöpsel in die Ohren steckte. Kurz danach war sie eingeschlafen.

Iwan Gontscharow

Oblomow

Oblomow ging zu Hause immer ohne Krawatte und ohne Weste; denn er liebte Bequemlichkeit und Behaglichkeit. Seine Pantoffeln waren lang, weich und weit; wenn er, ohne hinzusehen, die Beine vom Bette herunternahm und auf den Fußboden setzte, so fuhr er mit Sicherheit in beide Pantoffeln gleichzeitig hinein.

Das Liegen war bei Ilja Iljitsch weder etwas Notwendiges wie bei einem Kranken oder bei jemand, der schlafen will, noch auch etwas Zufälliges wie bei jemand, der müde geworden ist, noch auch etwas Genussreiches wie bei einem Faulpelz; sondern es war dies sein normaler Zustand. Wenn er zu Hause war (und er war fast immer zu Hause), so lag er stets; und zwar lag er beständig in ein und demselben Zimmer, in dem wir ihn gefunden haben, und das ihm als Schlafzimmer, Wohnzimmer und Salon diente. Er hatte noch drei andre Zimmer; aber in diese warf er nur selten einen Blick, höchstens des Morgens, und auch das nicht alle Tage, sondern nur, wenn sein Diener das Wohnzimmer ausfegte, was nicht täglich geschah. In jenen Zimmern steckten die Möbel in Überzügen, und die Rouleaus waren herabgelassen.

Das Zimmer, in dem Ilja Iljitsch lag, konnte auf den ersten Blick schön eingerichtet scheinen. Es standen dort ein Mahagoni-Schreibtisch, zwei mit Seidenstoff bezogene Sofas und ein hübscher Bettschirm mit gestickten, in der Natur nicht vorkommenden Vögeln und Früchten. Es waren dort seidene Vorhänge, Teppiche, einige Bilder, Bronzen, Porzellanfiguren und eine Menge netter Nippsachen.

Aber das erfahrene Auge eines Menschen mit reinem Geschmack hätte schon bei einem einzigen flüchtigen Blick auf alles, was da war, erkannt, dass lediglich der Wunsch zugrunde lag, einigermaßen das Dekorum des unvermeidlichen Anstandes zu bewahren, sich irgendwie mit ihm abzufinden. Nur darauf war sicherlich Oblomows Tätigkeit gerichtet gewesen, als er sein Wohnzimmer einrichtete. Ein verfeinerter Geschmack hätte sich nicht mit diesen schweren, plumpen Mahagonistühlen und mit diesen wackeligen Etageren begnügt. An dem einen Sofa hatte sich die Rückenlehne gesenkt und das aufgeleimte Holz hatte sich stellenweise losgelöst. Ganz denselben Charakter trugen auch die Bilder und die Vasen und die Nippsachen.

Der Eigentümer selbst jedoch blickte auf die Einrichtung seines Wohnzimmers so kühl und zerstreut, als ob er mit den Augen fragen wollte: „Wer hat denn das alles hierhergeschleppt und aufgestellt?" Infolge dieses kühlen Verhaltens Oblomows zu seinem Eigentum und vielleicht auch infolge des noch kühleren Verhaltens seines Dieners Sachar zu diesen selben Gegenständen befremdete denn auch der Anblick des Wohnzimmers einen jeden, der es genauer betrachtete, durch die darin herrschende Unordnung und Verwahrlosung.

An den Wänden und um die Bilder hingen, nach Art von Festons, ganz mit Staub bedeckte Spinnweben; statt die Gegenstände zu reflektieren, hätten die Spiegel eher als Tafeln dienen können, um auf ihnen im Staube Notizen zur Unterstützung des Gedächtnisses niederzuschreiben. Die Teppiche wiesen zahlreiche Flecke auf. Auf dem einen Sofa lag ein vergessenes Handtuch; es war eine Seltenheit, wenn morgens das Abendessen des vorhergehenden Tages vom Tische ordentlich abgeräumt war und nicht noch ein Teller mit einem Salzfässchen und einem abgenagten Knochen darauf stand und Brotkrumen umherlagen.

Wäre nicht dieser Teller dagewesen und die am Bette lehnende soeben ausgerauchte Pfeife und der im Bette liegende Hausherr selbst, so hätte man denken können, dass hier niemand wohne – so verstaubt, verblichen und überhaupt so ohne jede Spur der Anwesenheit eines menschlichen Wesens sah alles aus. Auf den Etageren lagen allerdings zwei oder drei aufgeschlagene Bücher, auch trieb sich da eine Zeitung umher, und auf dem Schreibtisch stand ein Tintenfass mit Federn; aber die Seiten, bei denen die Bücher aufgeschlagen waren, waren mit Staub bedeckt und vergilbt; die betreffende Zeitungsnummer stammte aus dem vorigen Jahre, und aus dem Tintenfass wäre, wenn man eine Feder hineingesteckt hätte, höchstens eine erschrockene Fliege herausgesummt.

Ilja Iljitsch war gegen seine Gewohnheit sehr früh aufgewacht, um acht Uhr. Es war da etwas, was ihn stark beunruhigte. Auf seinem Gesichte prägte sich abwechselnd bald Furcht, bald Verdruss und Ärger aus. Es war deutlich, dass in seinem Innern ein Kampf stattfand und dass der Verstand dabei noch nicht zu Hilfe gekommen war.

Die Sache war die, dass Oblomow am vorhergehenden Tage von seinem Gute einen Brief seines Dorfschulzen erhalten hatte, einen Brief mit recht unangenehmem Inhalt. Man weiß ja, was das für Unannehmlichkeiten sind, von denen so ein Dorfschulze schreiben kann: Missernte, rückständige Zahlungen, Verringerung der

Einnahme und so weiter. Obgleich der Dorfschulze auch im vorigen und im vorvorigen Jahre seinem Herrn genau ebensolche Briefe geschrieben hatte, wirkte doch auch dieser letzte Brief so stark, wie eben jede unangenehme Überraschung wirkt.

Und es war ja auch eine schwere Aufgabe: Er musste über die Mittel zur Ergreifung irgendwelcher Maßregeln nachdenken. Übrigens muss man der Sorgfalt, die Ilja Iljitsch seinen geschäftlichen Angelegenheiten widmete, Gerechtigkeit widerfahren lassen. Er hatte schon aus Anlass des ersten unangenehmen Briefes, den er von dem Dorfschulzen vor einigen Jahren erhalten hatte, angefangen, im Geiste einen Plan zu verschiedenen Veränderungen und Verbesserungen in der Verwaltung seines Gutes zu entwerfen.

Bei diesem Plane hatte er die Einführung verschiedener neuer wirtschaftlicher, polizeilicher und anderer Maßregeln ins Auge gefasst. Aber der Plan war noch lange nicht ganz durchdacht; die unangenehmen Briefe des Dorfschulzen aber wiederholten sich alljährlich, trieben ihn zur Tätigkeit an und störten folglich seine Ruhe. Oblomow war sich der Notwendigkeit bewusst, noch vor der abschließenden Ausarbeitung seines Planes etwas Entscheidendes ins Werk zu setzen.

Er hatte sich gleich nach dem Aufwachen vorgenommen aufzustehen, sich zu waschen und nach dem Teetrinken ordentlich nachzudenken, dies und das zu erwägen, sich Notizen zu machen und sich überhaupt mit dieser Angelegenheit so zu beschäftigen, wie es sich gehörte.

Etwa eine halbe Stunde lang lag er da und quälte sich mit diesem Vorsatze ab; dann aber sagte er sich, dass er auch noch nach dem Tee Zeit haben werde, dies zu tun, und dass er den Tee seiner Gewohnheit nach im Bette trinken könne, umso mehr, da die Denktätigkeit durch das Liegen nicht behindert werde.

So machte er es denn auch. Nach dem Tee hatte er sich schon halb von seinem Lager erhoben und war schon im Begriffe aufzustehen; er hatte sogar, mit einem Blick nach seinen Pantoffeln, bereits angefangen, das eine Bein vom Bette zu ihnen herabsinken zu lassen; aber er zog es sofort wieder zurück.

Es schlug halb zehn; Ilja Iljitsch fuhr zusammen.

„Wahrhaftig, wie benehme ich mich denn?", sagte er laut und ärgerlich. „Ich muss mich ja schämen: Es ist Zeit, dass ich mich an die Arbeit mache! Wenn man sich nur ein bisschen die Zügel lässt ..."

Helga Leeb

Jonathan leidet an Grippe

Jonathan hat sechs- bis siebenmal im Jahr Sommergrippe. Auch im Winter. Und meistens am Wochenende.

Es ist Sonntag. Ich eile glänzend gelaunt die Treppe hinunter, denn am Sonntag macht Jonathan das Frühstück. Der Duft nach frischem Toast liegt in der Luft. Ich reiße die Esszimmertür auf, trompete „Guten Morgen", werfe einen erwartungsvollen Blick in Richtung Kaffeetisch und sehe: Jonathan sitzt nicht dran. Ich wende mich suchend zu der kleinen weißen Couch neben dem Bücherregal. Jonathan lehnt mit Grabesmiene in den Kissen, schaut mir vorwurfsvoll über den Rand seiner Brille entgegen und fragt: „Hast du gut geschlafen?"

„Wunderbar", erwidere ich in bereits leicht gedämpftem Tonfall. „Und du?"

„Ich habe die ganze Nacht kein Auge zugetan", teilt mir Jonathan mit gramzerfurchter Stirn mit. „Ich fühle mich total erschöpft und geschwächt. Die Eier, der Schinken und die Honigsemmel haben mir überhaupt nicht geschmeckt. Ich glaube, ich habe eine verschleppte Sommergrippe."

„Du Armer", sage ich mitleidsvoll. „Läuft deine Nase? Glaubst du, du kriegst einen Schnupfen?"

„Nein, die Nase ist in Ordnung", erklärt Jonathan matt. Er habe nur eine Art Schüttelfrost verspürt, als er aus dem warmen Bett gestiegen sei und ohne Morgenmantel vom Balkon aus die Wetterlage überprüft habe.

„Und Halsweh? Hast du Schmerzen beim Schlucken?"

Jonathan räuspert sich, lauscht in sich hinein, räuspert sich nochmals. „Nein, richtiges Halsweh ist es wohl nicht, obwohl mir scheint, dass meine Stimme beim Sprechen ein bisschen rau klingt."

„Da irrst du dich", beruhige ich ihn. „Deine Stimme hat nun einmal dieses männliche, tiefe Timbre. Aber vielleicht hast du nachts gehustet?"

Nein, habe er mit Sicherheit nicht. Das wäre ihm aufgefallen, wo er sich doch praktisch die ganze Nacht lang schlaflos im Bett herumgewälzt habe. Er tippe eher auf Fieber oder zumindest stark erhöhte Temperatur.

Ich lege meine Hand auf Jonathans von grauweißen Haarstoppeln umwucherte Stirn. Sie fühlt sich angenehm kühl an.

Trotzdem hat Jonathan – daran besteht kein Zweifel – Sommergrippe. Eine von der leichten Art zwar, aber gerade deshalb besonders heimtückisch. Dummerweise wollten gerade heute meine Mutter und Onkel Albert zum Mittagessen kommen. Das geht natürlich auf keinen Fall, wenn sich Jonathan krank fühlt. Er hält diese verwandtschaftliche Konstellation ja kaum in gesundem Zustand aus. Ich sage die Einladung ab. „Jonathan hat eine Sommergrippe."

„Jetzt, Ende November?", röhrt Onkel Albert ungläubig ins Telefon.

Ich erkläre, dass Ende November bei Jonathan eine ganz typische Zeit für eine verschleppte Sommergrippe ist. Nachmittags wollten wir ins Kino gehen. „Das lassen wir lieber", sage ich zu Jonathan.

„Müssen wir wohl", seufzt er. „Es tut mir wirklich leid für dich. Mich interessiert der Film ja sowieso nicht besonders. Wenn ihn Ponkie von der ‚Abendzeitung' gut findet, dann ist es mehr ein Film für dich. Möchtest du vielleicht alleine hingehen?"

„Auf keinen Fall", protestiere ich. „Wenn mein Mann Sommergrippe hat, gehe ich doch nicht ins Kino." Jonathan ist gerührt.

Jonathan wird jetzt verwöhnt. Michi holt die Sonntagszeitungen von der Tankstelle, Christian ein kühles, aber nicht zu kühles Bier aus dem Keller, ich Jonathans Buch aus dem Schlafzimmer im ersten Stock, Christian die warmen Winterhausschuhe aus dem Regal im Keller, ich vorsichtshalber den leichten Cashmereschal aus der Kommode im ersten Stock, Michi die Wolldecke aus dem Gästezimmer im Keller, ich diese wunderbaren Antigrippetropfen auf Pflanzenbasis aus der Apotheke. Die hat leider zu, weil es Sonntag ist. Im nächsten Stadtviertel gibt es eine geöffnete Apotheke mit Notdienst.

Ein Kranker fühlt sich ziemlich deprimiert, wenn er so lange allein gelassen wird, findet Jonathan, als ich mit den Tropfen zur Tür hereinstürze.

Hoffentlich kriegt Jonathan nicht auch noch Kopfschmerzen.

„Spürst du schon was?"

„Nein, noch nicht, aber du weißt ja, wenn ich meine Sommergrippe habe, können sie ganz plötzlich auftreten."

Da liest Jonathan vorher lieber noch schnell die Fußballberichte. Er stöhnt während des Lesens ab und zu leise, blättert um, stöhnt wieder ein bisschen und vergisst dann zu stöhnen und die Hand prüfend auf den Hinterkopf zu pressen, weil es so unglaublich spannend ist, aus der Zeitung zu erfahren, was wir gestern alle am Bildschirm gesehen haben, nämlich, dass der FC Bayern 2 zu 0 gegen Werder Bremen gewonnen hat. Da wird sich Trainer Rehhagel grämen.

Ich bereite inzwischen das für die Gäste geplante Mittagessen in leicht vereinfachter Form vor, weil es den Söhnen erfahrungsgemäß mehr auf die Menge als auf die lukullische Vielfalt ankommt und Jonathan Sommergrippe und deshalb keinen Appetit hat.

Ob er sich nicht ein wenig hinlegen wolle, frage ich besorgt zwischen Kartoffeldampf und leise vor sich hinschmurgelnder Bratensoße aus der Küche.

„Nein, nein", winkt Jonathan mit matter Geste ab. „Ich leiste euch beim Essen Gesellschaft."

Wir sagen alle drei, das sei wirklich nicht nötig. Aber er will uns doch nicht das gemütliche Essen verderben, nur weil er sich so geschwächt fühlt.

Also sitzt Jonathan zusammengesunken und hohläugig an seinem Stammplatz und nimmt symbolisch ein bisschen vom Fleisch und der Soße und eine winzige Kartoffel – und ob er wohl Salat verträgt? Ein wenig kann nicht schaden. Vitamine sind bei Grippe immer gut. Dann greift er nochmals zum Braten und zu den Kartoffeln. Nein, richtigen Appetit hat er nicht, er muss nur darauf achten, dass er nicht noch schwächer wird. Um die letzte Scheibe Braten ringen Michi und Jonathan, indem sie gleichzeitig mit ihren Gabeln hineinstoßen. Sie einigen sich schließlich darauf, sie zu teilen.

Christian sagt: „Hoffentlich wird dir nicht schlecht, Papa."

Jonathan sagt: „Es wäre kein Wunder. Eine verschleppte Sommergrippe schlägt häufig auf den Magen."

Ich werfe Christian einen warnenden Blick zu und sage: „Ich glaube, es ist am besten, Jonathan legt sich jetzt ins Bett."

„Gute Idee", findet Jonathan und steht schwerfällig vom Tisch auf. „Den Nachtisch könnt ihr mir ja für später aufheben."

Ich erkundige mich, ob er gestützt werden möchte.

„Nein, irgendwie wird's schon gehen", murmelt er, klammert sich ans Treppengeländer und steigt seufzend Stufe für Stufe hinauf.

Ich fühle mich ein wenig schuldbewusst.

Oben ruft er: „Könnte mir vielleicht jemand mein Buch bringen, und ich glaube, eine Tasse Pfefferminztee täte mir gut."

Ich fühle mich überhaupt nicht mehr schuldbewusst.

Gegen drei Uhr – ich bin gerade mit der Küche fertig und habe mich zu einer Tasse Kaffee niedergesetzt – hört man schwere Schritte auf der Treppe. Michi schaut von seinem Buch auf und stellt trocken fest: „Der Papa fadisiert sich", was so viel heißt wie: Dem

Papa ist es fad, oder auf Hochdeutsch: Der Papa langweilt sich.

Jonathan taucht in der Tür auf. Es gehe ihm ein kleines bisschen besser, teilt er mit. Und nachdem wir keine Gäste hätten und auch nicht ins Kino gegangen seien, habe er beschlossen, ein paar längst fällige Arbeiten in Haus und Garten zu erledigen.

„Oh, nein", seufzt Michi halblaut und versucht unauffällig durch die hintere Wohnzimmertür zu verschwinden. „Ich hab ganz vergessen, dass ich noch Latein machen muss", fällt Christian ein.

„Die Hauptsache ist, ihr seid in der Nähe. Es könnte sein, dass ich Hilfe brauche", ruft Jonathan den beiden nach.

„Muss es denn am Sonntag sein?", frage ich sanft. „Noch dazu, wenn du Grippe hast und dich schon den ganzen Tag hindurch geschwächt fühlst?"

„Wann sollen diese Dinge denn sonst geschehen?", erwidert Jonathan.

„Welche Dinge?"

„Na, etwa die Dachrinne von alten Blättern reinigen, das Gartentor von innen streichen, den Ast absägen, den der Sturm neulich angeknickt hat – eben alle diese Dinge, die erledigt werden müssen, um dieses Haus und diesen Garten in Ordnung zu halten."

Ich sage – und mein Tonfall klingt womöglich eine Spur schärfer, als er es einem Kranken gegenüber sein sollte: „Wenn ich mich recht erinnere, habe in den letzten zwanzig Jahren vorwiegend ich dieses Haus und diesen Garten in Ordnung gehalten. Ich weiß nicht, wie viel Säcke Laub ich auch in diesem Herbst wieder zusammengekehrt und weggefahren habe, wie viele Tulpenzwiebeln ich aus- und wieder eingebuddelt habe. Die vergammelten Bastmatten am hinteren Zaun hab ich ersetzt und die verfaulten Äpfel und Zwetschgen vom Nachbarn aus dem Rosenbeet geklaubt, ganz zu schweigen davon, dass ich kübelweise guten schwarzen Humus produziert habe, weil ich mich als Einzige um den blöden Komposthaufen kümmere und ihn umsteche und durchlüfte, bis ich mich vor Rückenschmerzen kaum noch an der Schreibmaschine aufrecht halten kann." Ich fühle mich großartig und komme immer mehr in Fahrt. Ich muss nur mal schnell durchatmen.

„Und wer hält die Schächte von den Kellerfenstern sauber?", fahre ich fort. „Wer besticht die Tonnenmänner, dass sie die alten Gartenmöbel und die zerfetzte Markise mitnehmen? Und wer räumt dauernd das Chaos in der Garage auf und wirft die uralten, verrosteten leeren Farbtöpfe und unbrauchbaren Eisentrümmer und Schrauben weg?"

„Jeder weiß, dass du das bist", sagt Jonathan ein wenig erschrocken. „Deswegen findet man auch nie etwas in der Garage."

„Es ist unfair, dass du plötzlich die paar Blätter in der Dachrinne und den dämlichen Ast, der noch ganz festsitzt und den sowieso keiner sieht, erwähnst. Noch dazu, wo du Sommergrippe hast."

Ich muss plötzlich ein bisschen schlucken und mein Taschentuch suchen und tue mir sehr leid.

„Nimm dir meine Grippe doch nicht so zu Herzen", sagt Jonathan tröstend. „Es geht mir ja schon wieder besser. Im Übrigen weiß ich doch, dass du eine Menge machst, aber es bleibt eben immer noch genug zu tun. Ich schlage vor, du ruhst dich jetzt gemütlich auf der Couch aus und lässt mich tun, was getan werden muss."

Er geht hoch aufgerichtet und entschlossen – ganz Held der Prärie – in den Garten.

Fünf Minuten später höre ich Jonathan rufen: „Wo sind die Gummistiefel?"

Ich brülle: „Rechts hinter der Garagentür."

Kurze Pause.

„Ich kann sie nicht finden."

Ich brülle: „Ich komme."

Die Stiefel stehen rechts hinter der Garagentür. Ich helfe Jonathan beim Hineinschlüpfen. Dann hole ich ihm einen Anorak und eine Mütze, dann eile ich die Treppe hinauf und sage Michi und Christian, dass Jonathan jemanden braucht, der ihm hilft, die Leiter ans Dach zu lehnen, weil ihm ein wenig schwindlig ist. Michi trottet herbei, lehnt die Leiter ans Dach, will sich zurückziehen. Jonathan findet, jemand muss die Leiter festhalten, wenn er draufsteht. Während Michi die Leiter hält, reicht Christian Jonathan abwechselnd Schaufel und Eimer, ich kehre die schwarzen, fauligen Blätter, die Jonathan schwungvoll herunterkippt, vom Kiesweg.

Jonathan braucht jetzt eine Säge. Christian holt sie aus der Garage. Michi zieht den Ast herunter, dass Jonathan ihn bequem erreicht. Nach zwei Minuten hat ihn Jonathan abgesägt und zur Tonne geschleift. Christian und ich brauchen das Ungetüm nur noch ein wenig klein zu machen – vielleicht mit dem Fuchsschwanz oder einfach, indem wir die sperrigen Seitenzweige erst mal abbrechen. Das sticht gemein, aber irgendwo gibt es Handschuhe.

Jonathan macht die ungewohnte Arbeit richtig Spaß. Er sagt, Christian soll ihm in der Garage schwarze Ölfarbe suchen. Christian findet nur grüne Ölfarbe. Michi kriecht unter dem untersten Regal hervor und sagt, es gebe nur einen einzigen Pinsel und der sei steinhart. Jonathan glaubt, den müsse man nur fachmännisch auswaschen, und drückt ihn mir vertrauensvoll zusammen mit einer Flasche Terpentin in die Hand. Leider ist der Wasserhahn im Garten wegen der drohenden Frostgefahr schon abgesperrt. Christian saust in den Keller, Michi findet nach mehreren Versuchen die passende Zange, Jonathan gibt durchs Kellerfenster Anweisungen, wie man die entscheidende Schraube lockert, mir schießt ein Schwall Wasser in die Gummistiefel. Den Pinsel kriege ich nach einer Weile tatsächlich in der stinkenden, graugrünen Brühe, die den Eimer füllt, weich. Jonathan findet es schade, dass mir dabei ein paar Spritzer auf den Plattenweg geraten sind. Christian breitet jetzt viele alte Zeitungen unterm Gartentor aus, Michi holt einen Hocker, Jonathan setzt sich drauf und streicht alles, was am Gartentor schwarz und ein wenig angerostet aussieht, grün an.

Ich überlege, wie lange unser Malermeister, Herr Wurrler, brauchen wird, um alles wieder schwarz zu überstreichen und zuvor fachmännisch zu entrosten. Es wird ziemlich teuer werden.

Michi und Christian bewundern eine Weile, wie schön Jonathan alles anstreicht, dann sagt Michi: „Weißt du noch, Papa, wie du einmal die Nordwand vom Haus ausgebessert hast, und am nächsten Tag war alles voller riesiger weißer Flecken, weil der Untergrund grau und auch keine Ölfarbe war?"

Ich sage zu Michi, ob er nicht Mathe üben müsse. Er muss.

Es ist inzwischen halb sechs Uhr und fast dunkel. Jonathan erhebt sich, stellt fest, wie gut es tut, einmal so richtig in Haus und Garten zu arbeiten, und wankt ins Wohnzimmer, wo er sich gleich hinlegen muss. Ich sammle Gummischuhe, Eimer, Farbe, Pinsel, Arbeitsmantel und alte Zeitungen ein und folge ihm. Jonathan bekommt jetzt einen Tee mit Rum und greift hilflos zur Fernbedienung des Fernsehapparates. Er erreicht sie nicht, weil er sich dazu aus dem Sessel aufrichten und einen Schritt nach vorn machen müsste. Aber dazu ist er zu schwach. Er nimmt sie dankbar aus meiner Hand entgegen.

„Wirklich zu dumm, dass ich wieder mal meine Sommergrippe hatte", seufzt er. „Andererseits ist so ein Sonntag, an dem mal gar nichts los ist, auch recht gemütlich. Findest du nicht?"

Als er keine zustimmende Antwort hört, blickt Jonathan irritiert vom Bildschirm auf und gleich wieder hin, weil Olaf Thon zu einem Freistoß anläuft.

„Nein, das gibt's doch nicht", brüllt Jonathan, springt vom Sessel auf und ringt die Hände, während Olaf

Thon verzweifelt mit den Fäusten auf den Rasen hämmert.

„Also, was ich sagen wollte", beginnt Jonathan aufs Neue. „Nächsten Sonntag laden wir deine Mutter und Onkel Albert zum Essen ein, und dann gehen wir in diesen Film, den die Ponkie so überschwänglich besprochen hat."

„Für nächsten Sonntag haben wir Theaterkarten", erinnere ich Jonathan. „Außerdem wollten wir mit Tamara und ihrem dicken Butzi spazieren gehen."

„Na und?", erwidert Jonathan. „Wenn deine Mutter und Onkel Albert um zwölf zum Essen kommen, dann erwischen wir leicht die Zweiuhrvorstellung im City und können ab halb fünf gemütlich mit Tamara und ihrem dicken Butzi an der Isar spazieren gehen. In den Kammerspielen fangen sie ja immer erst um halb acht Uhr an."

„Ist das nicht ein bisschen viel auf einmal?", seufze ich.

„Ach, weißt du, nach einem so ruhigen Sonntag wie diesem…", sagt Jonathan und dann ruft er glücklich: „Tooooor!"

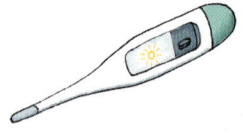

Franka Potente

Kore wa nan desu ka?
oder „Was ist das?"

Sie standen in der Schlange. Tadaski trat unruhig von einem Bein aufs andere, während Haruka ruhig abwartete und geduldig einen Knoten in ihrem dünnen Silberkettchen löste.

Es war Buddhas Geburtstag, der 8. April.

Seit drei Jahren waren die beiden ein Paar, und seit drei Jahren gingen sie am 8. April gemeinsam zum Asakusa-Sensôji-Tempel. Heute waren sie allerdings spät dran. Sie hatten ihr kleines Apartment in Arakawa bereits um elf Uhr verlassen. Doch obwohl Asakusa nicht weit von Arakawa entfernt war, hatte heute alles länger gedauert.

Haruka wollte vorher unbedingt den Umweg über Shibuya machen.

Ihre kleine, von ihr heiß geliebte Schwester hatte in wenigen Tagen Geburtstag, und Haruka wollte ein spezielles Geschenk erstehen. Was auch immer „speziell" bedeuten sollte, das wusste Tadaski nicht.

Aber er hatte in Shibuya fast dreißig Minuten auf

Haruka warten müssen, weil sie darauf bestand, das geheimnisvolle Geschenk alleine zu kaufen. Er hatte also an der Straßenecke gestanden und sich gefragt, was sie wohl für ihre Schwester ausgeheckt hatte.

Miyu, Harukas Schwester, war ihm nicht geheuer. Sie war fünfundzwanzig Jahre alt, hatte hell blondiertes Haar und immer viel Geld. Was sie jedoch arbeitete, wusste keiner, und man sprach auch nicht darüber. Außerdem war sie weder verlobt noch verheiratet.

Als er und Haruka im letzten Jahr geheiratet hatten, war Miyu als Letzte erschienen und hatte sich später betrunken. Wenn sich die Schwestern trafen, flüsterten und kicherten sie viel, und Harukas Wangen waren jedes Mal gerötet, wenn Miyu ging.

Oft hatte er das Gefühl, sie mache sich sogar über ihn lustig, wenn sie mit schwingenden Hüften an ihm vorbeiging und ihm ein lächelndes „Konnichi wa?" zuwarf.

Als sein Handy klingelte, war die Sekretärin seines Chefs dran. Sie solle ihn von Takahashi-san daran erinnern, dass er zusammen mit Haruka zum Dinner eingeladen sei. Heute Abend. Ob er die Adresse habe? Tadaski bedankte sich höflich und begann zu schwitzen. Er hatte das Abendessen völlig vergessen. Das bedeutete, dass auch er ein Geschenk kaufen musste.

Haruka kam mit einer mittelgroßen Tüte zurück.

Tadaski drängte zur Eile. Nach dem Tempelbesuch musste ein weiteres Geschenk gefunden werden, und es war nur wenig Zeit, Takahashi-san erwartete sie um zwanzig Uhr in Roppongi.

„Ich kann nicht glauben, dass du die Einladung vergessen hast! Wo hast du nur deinen Kopf?" Lachend strich ihm Haruka durchs Haar. In Momenten wie diesen war er sehr glücklich und freute sich über seine Frau.

Während sie die U-Bahn Richtung Asakusa nahmen, beäugte Tadaski die Tüte misstrauisch. Er wollte lieber nicht wissen, was darin war, was auch immer es sein mochte.

Nun standen sie in der Schlange vor dem Tempel, und es begann zu regnen. Trotz des trüben Wetters strömten unaufhörlich Menschen durch das große rot-grüne Tor auf den Platz vor dem Tempel und stellten sich in einer der langen Schlangen an.

Was sollte er seinem Chef mitbringen? Eine Krawatte? Er fragte Haruka nach ihrer Meinung.

Die schlug Yatsuhashi, Konfekt aus Kyoto, vor. Die süßen, gefüllten Reisteigkonfekte waren eine Delikatesse, und Tadaski lief das Wasser im Mund zusammen, wenn er nur daran dachte. Eine gute Idee.

Endlich waren sie an der Reihe. Hektisch sah er auf die Uhr. Es war schon zwei Uhr. Um die Yatsuhashi zu kau-

fen, würden sie bestimmt bis Shibuya fahren müssen.
Während sie still ihre Gebete sprachen, goss jeder von
ihnen den süßen Tee vorsichtig über die kleinen Bud-
dha-Statuen, so wie es der Brauch vorsah.

Hatte er genug Bargeld dabei, oder würden sie noch
zur Bank müssen? Tadaski fiel es schwer, sich auf Buddhas Geburtstag zu konzentrieren. Während Haruka
in sich gekehrt ihren Buddha begoss, rutschte ihm die
kleine Karaffe aus den Händen. Er konnte sie zwar
noch vor dem Zerschellen auffangen, hatte nun aber
einen großen nassen Fleck im Schritt.

Er wurde rot, stellte schnell die gerettete Karaffe weg
und trat zur Seite. Niemand sah ihn an. Niemand
schien von seinem Missgeschick Notiz zu nehmen.

Beiläufig versuchte er mit seinem Schal den Fleck zu
trocknen.

Er hörte Haruka kichern. „Tadaski, was ist nur mit dir
los? Brauchst du Hilfe?" Jetzt erinnerte sie ihn an ihre
Schwester. Brummig drehte er sich weg und schlang
sich seinen Schal um die Hüften. So müsste es gehen.

Der Regen war stärker geworden, und die beiden
mussten zur U-Bahn rennen.

Sie beschlossen, die Yatsuhashi in Shinjuku zu kaufen,
das war nicht ganz so weit. Haruka kannte ein kleines
Geschäft dort.

In Shinjuku angekommen, war sich Haruka plötzlich nicht mehr sicher. So gingen sie zunächst die Shinjuku-Dôri in östlicher Richtung, dann rechts auf die Meiji-Dôri, bis sie die Yasukuni-Dôri kreuzte.

Tadaski sah auf die Uhr, vier Uhr war lange vorbei. Noch immer hatten sie den Laden nicht gefunden.

Tadaski wurde immer unruhiger: „Vielleicht sollten wir ihm doch lieber eine Krawatte kaufen, Haruka!"

Haruka eilte voran, die geheimnisvolle Tüte am Handgelenk.

Plötzlich juchzte sie: „Da! Siehst du, wir haben es gefunden!"

Für Tadaski war es ein absolutes Wunder, dass sie den Laden überhaupt entdeckt hatten. Im Laufschritt erreichten sie den kleinen Laden, dessen Auslage mit buntem Gebäck und Reisküchlein gefüllt war.

Eine alte Dame stand hinter der Theke. Haruka war noch ein bisschen außer Atem. Sie verbeugte sich und bat um Rat, welche Yatsuhashi für Tadaskis Chef angemessen wären. Die Dame griff zielsicher nach einer Schachtel. „Diese sind mit Zimt und Schokolade gefüllt, sie sind besonders bei Herren mittleren Alters beliebt und etwas ganz Besonderes." Tadaski schluckte, die Delikatesse kostete fast 5000 Yen. Aber sie hatten keine Zeit. Haruka bat die Dame trotzdem, die Schachtel als Geschenk einzupacken. Unterdessen fing es wieder an zu regnen.

Tadaski bezahlte, und Haruka steckte das Geschenk in ihre Tüte.

Die U-Bahn war voller nasser Menschen, die Scheiben waren beschlagen, und Tadaski wurde müde. Die Vorstellung, nun noch bei einem Abendessen eine gute Figur abgeben zu müssen, fand er anstrengend.

„Was hast du für Miyu gekauft?", flüsterte er Haruka zu. Die lächelte nur. „Nichts, was dich interessieren würde."

Er merkte, wie ihn die Antwort nervte: „Doch, es interessiert mich!"

Haruka rollte mit den Augen: „Was für Frauen, Tadaski. Auf jeden Fall keine Krawatte!"

Fast hätten sie über ihre Kabbelei ihre Station verpasst. Schnellen Schrittes legten sie die vier Blocks zu ihrer Wohnung zurück.

Dann lief alles wie am Schnürchen. Haruka duschte zuerst. Tadaski ermahnte sie: „Beeile dich, in fünfundvierzig Minuten müssen wir wieder los!" Er hatte begründete Sorge, nicht pünktlich zu sein. Sie würden die U-Bahn wechseln müssen, und es regnete.

Während Haruka im Bad war, schaute Tadaski in die Geschenketüte. Er nahm beide Päckchen heraus: Sie waren identisch in Größe und Gewicht, und die Farbe des Papiers war fast dieselbe. Das eine dunkelblau und das andere grünlich blau. Tadaski war verwirrt. Da klingelte sein Handy. Es war Susuma, sein Arbeitskollege. „Tadaski-san, ich hoffe, du hattest einen guten Tag?" Susuma war ein paar Jahre älter, alleinstehend und redete zu viel. Auch er war zum Dinner eingeladen.

„Ich finde Takahashi-sans Adresse nicht, bist du so freundlich und gibst sie mir?"

Tadaski legte die Geschenke beiseite und suchte seine Arbeitstasche. In seinem Filofax fand er die Adresse. Er musste sie Susuma dreimal buchstabieren, bis dieser sie notiert hatte.

Mittlerweile war Haruka im Bad fertig, und es war an Tadaski, sich nun zu sputen.

Höflich wimmelte er Susuma ab und sprang unter die Dusche.

Das heiße Wasser tat gut, erst jetzt merkte er, wie durchgefroren er war.

Er wusch sich die Haare und überlegte sich mögliche Themen für die bevorstehenden Unterhaltungen. Das war zwar eher die Aufgabe des Gastgebers, aber Tadaski wollte in gutem Licht erscheinen und keine Gesprächspausen entstehen lassen.

Er arbeitete noch nicht so lange in der kleinen Werbe-firma, und dies war das erste offizielle Abendessen, zu dem er und Haruka eingeladen waren. Tadaski war Grafiker und hoffte im nächsten Jahr auf mehr Verant-wortung und eine Gehaltserhöhung.

Haruka klopfte an die Badezimmertür und drängte zur Eile.

Zehn Minuten später standen sie gemeinsam vor dem großen Spiegel im Flur. Haruka trug ein schlichtes Kleid mit flachen Schuhen und Tadaski einen dunkel-blauen Anzug. Sie lachte: „Wir sehen so viel älter aus!"

Zum Glück hatte der Regen aufgehört. Tadaski hatte sich die Adresse auf einem kleinen Zettel notiert und überlegte, zu welcher U-Bahn-Station sie fahren soll-ten, da griff ihn Haruka am Arm: „Das Geschenk!"

Sie hatten es vergessen. „Ich hole es!", sagte Haruka und rannte los. Trotz ihres Kleides lief sie ziemlich schnell, vor Jahren war sie eine der Besten im Leicht-athletikteam ihrer Schule gewesen.

Keuchend suchte sie im Wohnzimmer nach der Tüte. Tadaski hatte das Geschenk herausgenommen. Doch, Moment, da war noch die zweite verpackte Schachtel. Fast hatte sie Miyus Geschenk vergessen. Haruka wog die Päckchen in den Händen. Verwirrt dachte sie einen Moment lang darüber nach, dass die Yatsuhashi genauso viel wogen wie ein Massagestab. Sie überlegte. Die Zeit war knapp. Und sie wollte nicht Takahashi-sans Geschenkverpackung zerstören. Miyus Massagestab war das Paket mit dem dunkleren Papier, oder? Sie war unsicher. Dunkelblau war diskreter als grünblau. Jetzt war sie sich sicher. Das grünblaue Papier war moderner.

Sie schnappte sich das grünblaue Päckchen und beschloss, dass sich darin Takahashi-sans Yatsuhashi befanden.

Sie rannte zurück zu Tadaski, der ungeduldig von einem Bein aufs andere trat. Als sie wenige Minuten später in der U-Bahn saßen, lehnte sich Haruka an Tadaskis Schulter. „Was für ein Tag. Sag mal, wer kommt alles heute Abend?"

Tadaski überlegte. Susuma, der ältere Kollege, würde kommen. Dann sicher Masaru mit seiner Frau. Masaru war ebenfalls Grafiker und ziemlich arrogant, wie Tadaski fand. Fast hätte er Daichi vergessen, Takahashis rechte Hand. Daichi bewunderte er heimlich. Obwohl Takahashi höhergestellt war, wirkte Daichi würdevoller und weiser auf Tadaski. Abgesehen davon trug er eine sehr teure, besondere Uhr. Eine „U-Boot". Eine italienische Uhr, das Modell, das Daichi trug, war Tadaskis Traum, es kostete 30.000 Dollar. Er kannte sich gut aus mit Uhren. Er selbst hatte es bisher allerdings nur zu einer Rolex Submariner gebracht.

Takahashis Haus war leicht zu finden. Hinter einem imposanten Eingangstor befand sich ein großes, im japanischen Stil gebautes Haus. Auch Haruka war beeindruckt: „Vergleich das mal mit unserer kleinen Bude!", flüsterte sie.

Takahashis Frau öffnete. Sie trug einen modernen Kimono und begrüßte die beiden freundlich. „Ich bin Hina. Seien Sie uns willkommen."

Sie überließen Hina-san ihre Jacken, tauschten die Straßenschuhe gegen Pantoffeln und begaben sich ins Esszimmer. Sie waren die Letzten. Alle anderen Gäste saßen bereits um den großen Tisch, tranken Sake und unterhielten sich.

Tadaski verbeugte sich tief vor Takahashi-san, Haruka tat es ihm nach. Dann übergaben sie ihr Geschenk. Takahashi-san bedankte sich ausführlich, lobte das schöne Geschenkpapier und legte es ungeöffnet zu den anderen Präsenten auf einen kleinen antiken Schreibtisch.

Bei Tisch sprach man über eine handgearbeitete Schale, ein sogenanntes Centrepiece, welche in der Mitte des Tisches stand. Auf der Schale waren Teile des alten Tokios in verschiedenen Jahreszeiten abgebildet. Susuma erzählte gerade lebhaft von der Kindheit seiner Mutter, deren Mutter eine Geisha gewesen war.

Die Schale war mit Blüten gefüllt. Sie war dort platziert worden, um das Gespräch in Gang zu bringen, und wurde zum Essen beiseitegeräumt.

Schon die Vorspeisen waren köstlich. Es gab kleine Akashiyaki, Omelettbällchen mit Oktopus, und verschiedene Gyôza, gefüllte Teigtaschen. Haruka fragte sich, ob Frau Takahashi alles selbst gekocht hatte. Sie saß neben Masarus schwangerer Frau, die blass und still war und ihrem Mann zuhörte. Tadaski saß neben Daichi. Die beiden unterhielten sich über Uhren.

Haruka blickte sich unauffällig im Esszimmer um. Die Takahashis schienen Kunst zu sammeln. An den Wänden hingen moderne Gemälde neben klassisch japanischen Zeichnungen. Überall standen geschmackvoll angerichtete Blumen, und das Licht war angenehm.

Auf dem kleinen Schreibtisch stand ein gerahmtes Hochzeitsbild.

Daneben lagen die Geschenke, die nach japanischem Brauch erst nach der Verabschiedung der Gäste ausgepackt wurden.

Haruka betrachtete ihr Päckchen. Die Yatsuhashi waren eine gute Idee von ihr gewesen. Und plötzlich zweifelte sie wieder. Was wäre, wenn sie nun doch das falsche Päckchen genommen hatte? Dann würden die Takahashis einen Massagestab in den Händen halten. Undenkbar. Sie wurde rot bei dem Gedanken daran.

Sie versuchte sich noch einmal die Verkaufssituation im „108 sins" in Erinnerung zu rufen. Die Verkäuferin hatte sie gefragt, ob es in Ordnung sei, das Geschenk in grünes Papier einzuwickeln, das pinke Geschenkpapier, das sie normalerweise bei „108 sins" verwendeten, sei ausgegangen. Sie könne allerdings im Lager nachsehen, ob sie noch silbernes Papier hätten.

Haruka aber hatte Tadaski nicht länger warten lassen wollen und dem grünen Papier, das bläulich schimmerte, zugestimmt.

Außerdem waren ihr Erotikshops unangenehm. Miyu hatte da keine Berührungsängste, und der Massagestab zum Geburtstag würde ihr sicher imponieren. Dann hatte die Verkäuferin das grünblaue Päckchen in eine Plastiktüte gepackt.

Es durchfuhr sie wie ein Blitz.

Das bedeutete, dass dort auf dem feinen Tischchen Miyus Massagestab lag!

Haruka musste husten.

„Ein Glas Wasser?" Frau Takahashi war schon aufgesprungen.

„Nein… nein, vielen Dank. Bitte keine Umstände."

Hustend verbeugte sich Haruka. Sie nahm einen großen Schluck Wasser, und Tadaski rieb ihr über den Rücken: „Alles in Ordnung?"

Haruka konnte ihn nicht ansehen. „Das Päckchen, es ist das falsche", flüsterte sie.

Tadaski brauchte einen Moment, um zu verstehen, wovon sie sprach. Er räusperte sich und flüsterte: „Was war denn in Miyus Päckchen?"

Haruka flüsterte es ihm ins Ohr und wurde noch einmal rot.

Tadaski erblasste. Er hustete leicht und sah sie nicht an.

„Haben Sie nicht letztes Jahr geheiratet?", fragte plötzlich Frau Takahashi freundlich.

Tadaski riss sich zusammen. „Ja, genau. Im letzten Jahr." Haruka lächelte dazu.

„Hier in Tokio?", wollte Frau Takahashi wissen.

„Nein, in Kyoto, bei den Eltern", beeilte sich Haruka zu sagen, als Tadaski verwirrt nach einer Antwort suchte. Zum Glück wurde nun der Hauptgang aufgetragen. Eine Haushaltshilfe im schlichten Kimono brachte Teriyaki vom Rind und verschiedene Gemüse. Weder Haruka noch Tadaski aßen mit großem Appetit. Es war unhöflich, miteinander zu flüstern. Haruka stupste Tadaski ein paarmal unter dem Tisch an. Was sollten sie tun? Sie konnten das Geschenk unmöglich wieder mitnehmen.

Tadaski zuckte nur leicht mit den Schultern.

Susuma hatte scheinbar zu viel Sake getrunken. Er sprach jetzt lauter als alle anderen und lachte viel.

Masarus schwangere Frau wandte sich an Haruka: „Haben Sie Kinder?", fragte sie leise.

Haruka verneinte. Masarus Frau nickte leicht und aß weiter.

Tadaski starrte auf seinen Teller. Sicher zerbricht er sich den Kopf, was zu tun ist, dachte Haruka. Sie kannte ihn. Wenn es ein Problem gab, wurde er immer ganz still und grübelte.

Haruka überlegte, ob der Massagestab ein Grund sein könnte, Tadaski zu feuern. Zumindest würde man ihn für respekt- und geschmacklos halten. Hätten sie nur eine Krawatte gekauft!

Mittlerweile war man beim Dessert angekommen. Es gab Taiyaki, gefülltes Gebäck, und Yôkan, eine Süßspeise aus Azukibohnen, Stärke und Zucker.

Takahashi-san hob sein Glas und sprach davon, wie stolz er auf seine Mitarbeiter sei und dass er auf ihre Produktivität und Kreativität auch weiterhin baue. Alle verbeugten sich. Es war Zeit zum Aufbruch.

Frau Takahashi half allen dabei, ihre Schuhe wiederzufinden, und gab Jacken aus. Sie standen jetzt im Eingangsbereich.

Jetzt oder nie! Haruka sah zum Esszimmer hinüber. Niemand bemerkte sie. Alle waren damit beschäftigt, sich Mäntel und Jacken überzuziehen und sich angemessen zu verabschieden.

Leise schlich Haruka zurück ins Esszimmer. Tadaski sah ihr nervös hinterher.

Sie war wild entschlossen.

Aber der Schreibtisch war leer. Jemand hatte die Präsente weggeräumt. Suchend blickte sie sich um. Alle Geschenke lagen nun auf einer kleinen Truhe, am Kopf des Esstisches.

Lautlos schlich sie hinüber.

Gleich wäre das Problem gelöst. Sie würde das Päckchen unter ihrem Kleid verstecken können. Tadaski wäre sicher sehr erleichtert.

Sie streckte die Hand nach dem Päckchen aus, da raschelte es hinter ihr. „Suchen Sie Ihre Schuhe, junge Frau?" Die alte Haushaltshilfe war unbemerkt hinter sie getreten.

Haruka verbeugte sich hektisch. „Ja, verzeihen Sie… Ich… Danke!" Mit rotem Kopf verließ sie das Esszimmer.

Frau Takahashi kam ihr im Flur mit ihren Schuhen

entgegen. Freundlich verabschiedeten sie sich, und zuletzt bedankte sich auch Takahashi-san für ihren Besuch und das Geschenk. Er klopfte Tadaski auf die Schulter. „Sie leisten gute Arbeit. Ich bin sehr zufrieden."

Zaghaft lächelte Tadaski. Das war der Ritterschlag. Es begann zu regnen, als Haruka und Tadaski schweigend in Richtung U-Bahn liefen.

Im Hause Takahashi wurde aufgeräumt, und Takahashi-san packte die Geschenke aus.

Eine Krawatte von Susuma. Teure Zigarren von Daichi. Masaru hatte ihm eine teure Flasche Whiskey mitgebracht.

Zuletzt öffnete er das Päckchen von den jungen Leuten. Verwirrt drehte und wendete er die Klarsichtbox. Dann entnahm er das seltsame Ding und trat nachdenklich zu seiner Frau. „Hina, kore wa nan desu ka? Was ist das?"

„Haben das Tadaski und seine Frau mitgebracht?" Sie schien ein Lächeln zu unterdrücken.

„Ja, was soll das sein?", fragte Takahashi noch einmal. Seine Frau lächelte. „Das ist für deinen Nacken, mein Lieber. Nach einem anstrengenden Tag im Büro. Ein schönes Geschenk."

Amelie Fried

Oma und Opa auf Weltreise

Was waren das für herrliche Zeiten, als ein positiver Schwangerschaftstest den sofortigen Jäckchenstrick-Reflex bei der werdenden Großmutter auslöste und die glückliche Schwangere sicher sein konnte, nach der Niederkunft einen allzeit bereiten Babysitter zur Verfügung zu haben. Auch Opa ließ sich gerne einspannen, er schreinerte eine Wickelkommode und strich das Kinderzimmer rosa oder hellblau.

Heutzutage ist alles anders. Auf die Mitteilung, sie bekomme ein Enkelkind, teilte meine Mutter mir mit, sie wolle auf keinen Fall Oma genannt werden, das mache alt. Außerdem stehe sie vorerst als Babysitter nicht zur Verfügung, sie plane gerade einen längeren Auslandsaufenthalt. Auch die Mutter einer Freundin reagierte wenig begeistert auf die frohe Botschaft: Wie könne die Tochter nur so dumm sein, mitten in der Ausbildung ein Baby zu kriegen. Sie solle bloß nicht glauben, dass sie ihr das Kind abnehme. Sie sei froh, dass ihr jüngstes gerade zu Hause ausgezogen und sie endlich wieder ein freier Mensch sei. Zur Ehrenrettung der beiden Damen muss ich sagen, dass beide begeisterte Großmütter wurden, als die Kinder erst mal da waren – allerdings zu ihren Bedingungen. Wenn sie Zeit und Lust hatten, kümmerten sie sich reizend um ihre Enkel. Aber wenn man sie wirklich gebraucht hätte, waren sie meistens mit anderen Dingen beschäftigt. Yoga-Kurse, Kunstreisen in die Toskana, ehrenamtliches Engagement – das Leben der Großmütter von heute ist ausgefüllt, und die Großväter stehen ihnen in nichts nach. Der eine geht den Jakobsweg, der andere umsegelt Kap Hoorn, der dritte gründet im Ruhestand seine eigene Firma und hat mehr Termine als je zuvor. Soll ich Ihnen was sagen? Ich verstehe die Alten. Als meine Tochter mir kürzlich mitteilte, sie wolle so früh wie möglich Kinder haben, erfasste mich blanke Panik. Ich will doch noch um die Welt reisen, Spanisch lernen und Psychologie studieren! Frühestens mit siebzig will ich Großmutter werden! In den düstersten Farben malte ich meiner Tochter aus, wie sie mit einem schreienden Baby zu Hause sitzen würde, während ihre Freunde auf Partys gingen und jede Menge Spaß hätten. Wie sie ihr Studium abbrechen oder gar nicht erst beginnen würde, wie sie vom Kindsvater verlassen als alleinerziehende Mutter in sozial prekären Verhältnissen enden würde.

„Und noch was", sagte ich drohend. „Ich will auf keinen Fall Oma genannt werden, klar?" Trotzdem hab ich schon mal angefangen, ein Jäckchen zu stricken. Vielleicht bin ich ja gerade auf Weltreise, wenn das erste Enkelkind kommt.

Kurt Tucholsky

Der Zeitsparer

Am 27. Februar 1926 war es so weit. Die Herren in weißen Laboratoriumsmänteln erfüllten den großen Raum, bewegten sich unruhig, lachten, gestikulierten und sprachen aufgeregt durcheinander. Denn sie hatten zwei Stunden regungslos gehorcht, abwechselnd auf den ungefügen Apparat gestiert, der in der Mitte des Hörsaales stand, und auf den kleinen Mann, der leichenblass auf einem Stühlchen saß und mit leiser Stimme Erläuterungen gab …

Der deutsche Professor Gottlieb Friedrich Waltzemüller hatte den Zeitsparer erfunden.

Der Apparat hob die Zeit auf. Er war gar nicht so kompliziert. […] Man legte sich hinein, und was man da an Zeit ersparte – denn drinnen liefen ja die Uhren nicht, nicht die elektrischen und nicht die Sanduhren –, das konnte man beliebig irgendwo in seinem Leben wieder ankleben und einfügen – wo man es gerade brauchte …

Das gab ein Hallo! Mit dem Herumtrödeln auf der Erde war es auf einmal vorbei. Niemand hatte mehr Zeit zu verlieren. Die Redensart „Ich habe keine Zeit" wurde Formel für den Offenbarungseid, und es war ganz erstaunlich, wie sich die Menschen beeilten, um mit den nötigsten Obliegenheiten fertig zu werden. Sie sparten! Keiner tat noch etwas anderes, als im Eiltempo die wenige Nahrung zu sich zu nehmen und sich dann befriedigt in den Apparat zu packen. Dadrinnen sparte er nun Zeit und legte sie auf die hohe Kante. Wer ging noch spazieren? Wer hatte noch Augen zu sehen, was auf der Welt vor sich ging? Sie lasen nicht, sie liebten nicht, sie freuten sich nicht mehr – sie sparten. [...]

Es gab eine Zeitbörse. Da wurde die Zeit gehandelt – und weil sie sehr gut bezahlt wurde, so legten sich ganze Dörfer industriemäßig in den Kasten aus Stahl, sparten und verkauften meistbietend. Darauf fielen die Preise –, aber durch einen Trust gelang es, eine kräftige Hausse zu erzielen. [...]

So lagen die Dinge, als sich eine seltsame Nachricht auf der Erde verbreitete. Bei München, hieß es, lebe ein Mann, der spare überhaupt keine Zeit! Hat man je so etwas gehört! Er sei Menschendoktor und heiße Bruck. Dr. Bruck ...

Einige reiche Leute – denn die andern hatten ja keine Zeit – machten sich auf, diesen Unmenschen zu sehen. Wahrhaftig: Als sie sich dem kleinen Anwesen näherten, rauchte da ein Mann mit einem Spitzbart eine Pfeife, eine lange Pfeife, und auf dem Porzellankopf – das sah man deutlich – war ein buntes Blumengewinde gemalt, mit Engeln, die die Girlandenenden angepackt hielten ... Der Mann paffte behaglich und stieß die Rauchwölkchen in die warme Sommerluft, in der sie, hellblauen Gazeschleiern vergleichbar, langsam nach oben entschwebten ... Und dieser Mensch verfolgte ihren Aufstieg zufrieden, und wenn eins verflogen war, schickte er ein anderes nach und mochte sich so an diesem Wolkenspiel schon eine ganze Weile erfreut haben. Und nicht genug damit: Er zündete sich die Pfeife, als sie ausging und nicht gleich brennen wollte, dreimal hintereinander an. Da brannte sie. Ja, war er denn toll ...? Es schien so.

Denn als der reiche Münchner Engrosschlachter Mauermeier sich dem Mann eilig prustend, um nicht zu viel Zeit zu verlieren, in das Gesichtsfeld schob, da sagte der: „Grüß Gott!", sagte er und dann mummelte er so recht behaglich an seiner glimmenden Pfeife. Und ehe der Mauermeier sich noch recht erholt hatte, fuhr der Doktor fort: „Ja, wollen wir nicht ein kleines Spaziergängchen machen? – Da seht doch nur, wie hübsch grün schon das wellige Gras ist, über das der Wind läuft, und da drüben die Höhen, auf die ich jetzt zuschreiten will, sind schon durchsichtig bläulich, und das ist ein gutes Zeichen fürs Wetter."

Da nahm sich der Mauermeier die Zeit – denn er hatte es dazu und konnte es sich leisten, Gott sei Dank! –, da nahm er sich die Zeit, ganz schnell einmal zu sagen: „Einsperren sollt man Eahna, Herr Nachbar, z'wegen Verschwendung!" Und schob eilig laufend, in der Richtung zum Bahnhof, ab, um den Zug nach München nicht zu verpassen, damit er gleich wieder weiter sparen könne … Der Doktor aber stand fröhlich lächelnd auf, ergriff das Stöckchen, das ihn auf allen Wegen begleitete, und durchschritt den sauberen, stillen Ort, darinnen er wohnte, besah sich voll guten Mutes die breiten Straßen und die niedrigen Häuser. […]

Dann guckte er, ob das Krankenhaus noch an seinem Platz sei, und sah nach der Post, vor der eine alte Rumpelchaise ohne die Gäule aufgestellt war, und nach dem Rathaus – und stand schließlich nicht ab, unterwegs im besten Schmauchen ein kleines Poem zu verfertigen, in dem alles darinnen stand: wie schön doch das bisschen Leben sei und wie man nur einmal auf die Welt gesetzt werde und wie er für seine Person auf alle Mauermeiers und Zeitsparer pfeife.

Martin Suter

Das Problem der Pensionierung

Ein bedeckter Tag, schlechte Sichtverhältnisse auf der Driving Range. Wettinger hat den Golfschirm dabei und trägt die Allwetterhandschuhe. Die Abschläge links und rechts von ihm sind verwaist. An einem Mittwochvormittag um halb zehn herrscht hier kein Hochbetrieb.

Wettinger muss seine Performance mit den langen Eisen verbessern. Er setzt den Ball aufs Tee, schlägt ab und verfolgt kopfschüttelnd die Bahn des Balls. Er ist nicht bei der Sache. Seine Gedanken kreisen wie so oft um das gleiche Thema: seine Pensionierung. Plötzlich ist man überflüssig.

Ein Mann, der jahrzehntelang Erfahrungen gesammelt und weitergegeben hat, eine Führungskraft, ohne die gestern noch überhaupt nichts lief, wird von einem Tag auf den anderen ersetzlich. Das muss einer erst einmal verkraften, der vierzig Jahre lang sein ganzes Selbstbewusstsein aus seiner Unersetzlichkeit geschöpft hat. Das braucht schon etwas, wenn man so unversehens am gähnenden Abgrund seiner Entbehrlichkeit steht. Von seiner Vergänglichkeit nicht zu reden.

Er steckt das schwierige lange Eisen in die Bag und holt den Driver heraus. Er braucht jetzt den Trost eines Erfolgserlebnisses. Der Gedanke an die Vergänglichkeit deprimiert ihn immer. Als Mensch und als Businessman. Eine unglaubliche Verschwendung von Know-how, diese Sterblichkeit des Managers.

Wettinger teet einen neuen Ball auf und schlägt ab. Er toppt und spielt einen Girlie, keine drei Meter weit. Dermaßen deprimiert ihn der Gedanke.

Wie oft hört man von Führungskräften, die nach ihrer Pensionierung in ein tiefes Loch fallen. Die nicht schlafen können, weil sie keinen Grund mehr haben, wach zu liegen. Die pünktlich um halb sieben aus den Federn fahren, weil der Wecker nicht klingelt. Gesunde Altfinanzdirektoren bekommen Magengeschwüre, weil sie sich nicht mehr über Lohnforderungen aufregen müssen. Durchtrainierte Topsanierer lassen sich Herzschrittmacher einsetzen, weil sie keinen Turn around zu schaffen haben.

Wettinger hat wieder aufgeteet und versucht sich zu konzentrieren. Es gelingt ihm ein schöner Swing, aber der Ball sliced weit in den Drive rechts neben ihn. Nicht auszudenken, wenn sein Pro das gesehen hätte. Das Problem ist die Vorbereitung. Jahrelang arbeitet man drauflos, ohne einen Gedanken an die Pensionierung zu verschwenden, und dann, eh man sich's versieht, ist sie da. Wer kann schon aus dem Stand von hundertfünfzig auf null Prozent schalten? Wie soll einer, der nie Zeit hatte, wissen, was man mit ihr anfängt? Woher soll jemand, der sein Leben lang von der Agenda regiert wurde, plötzlich wissen, wie man seine Wochen selbst einteilt? Mit einem Mal steht man vor seinen letzten Tagen und weiß nicht, wie man sie ausfüllt. Und dann hackt man mit einem Handicap von vierundfünfzig auf dem Green herum und macht sich lächerlich.

Deshalb wird Wettinger anschließend noch etwas im Putting und im Chipping Green arbeiten. Der erste Juni 2023 kommt schneller, als man denkt.

Ilse Gräfin von Bredow

Hast du schon gehört?

Naturgemäß schrumpft mit zunehmendem Alter der Freundeskreis mehr und mehr durch Todesfälle, und wenn wir den Hörer abnehmen und uns einer der Freunde fragt: „Hast du schon gehört?", antworten wir, teils schicksalsergeben, teils beklommen: „Ja, gerade vor zehn Minuten", und es fröstelt uns, als hätte man die Heizung abgestellt. Im selben Atemzug denken wir aber auch, dass wir auf keinen Fall zur Beerdigung gehen werden. Der Weg ist weit, das Wetter nasskalt, und überhaupt sind wir selbst viel zu alt für diese Art von Unternehmungen. Ach, das Leben ist ein Jammertal, und es wird einfach alles zu viel. Niemand glaubt, wie anstrengend das Leben im hohen Alter ist. Sogar die achtzigjährige ehemalige Schauspielerin Barbara Rütting, dieses geballte Energiebündel, hat neulich in einem Fernsehinterview gestanden, dass sie das Gequassel im Landtag, dem sie angehört, sehr mitnimmt, hatte aber gleichzeitig ein äußerst wirkungsvolles Rezept zur Hand: Ein Lachkurs in Indien habe ihr wieder enorm auf die Sprünge geholfen. Von Herzen zu lachen sei einfach das Nonplusultra. Damit lockerten sich nicht nur die Muskeln, sondern einmal am Tage richtig losgelacht, sei für den Körper erholsam wie drei Stunden Schlaf.

Zwar sind wir im Freundeskreis alle der Meinung, dass die mehr und mehr zunehmenden Ratschläge von Weisen und Meistern aus aller Herren Länder sich ein wenig zu sehr in unserer Gesellschaft verbreiten. Aber Barbara Rütting ist klasse! Man muss ja für diesen Rat nicht unbedingt nach Indien fahren. Auf dem Weg zum Müllcontainer versuchen wir schon mal ein wenig zu üben. Aber der einzige Erfolg ist, dass der Nachbar, der dem gleichen Ziel zustrebt, uns teilnehmend ansieht und sagt: „Wirklich schlimm dieses Jahr mit dem Husten, ich bin meinen auch immer noch nicht los." Wir schenken ihm ein melancholisches Lächeln und machen uns wieder auf den Weg zurück in die Wohnung, und er ruft hinterher: „Hey, Sie haben Ihre Mülltüte noch in der Hand."

Zurück in unserer Wohnung überkommt uns – zumindest wenn wir Frauen sind – das Bedürfnis, dieses traurige Ereignis noch einmal gründlich mit jemandem zu erörtern. Aber wen ruft man an? Inzwischen haben wir uns nämlich alle eine Liste zugelegt, auf der genau vermerkt ist, wen man wann besser nicht stört oder sowieso gar nicht erreicht. Die Liste ist lang und muss den wechselnden Verhältnissen angepasst werden: einem Umzug ins Heim oder zu den Kindern, einem Aufenthalt in der Reha. Kommt jemand ins Krankenhaus, lohnt sich das Notieren der Telefonnummer selten. Heutzutage ist man meist ebenso schnell drin wie draußen, und man kann von Glück sagen, wenn die bestürzt aus dem Urlaub herbeigeeilten Angehörigen uns nicht aus einem Pflegeheim fischen müssen.

Wenn wir die Liste durchblättern, stellen wir mal wieder fest, wie unterschiedlich die Gewohnheiten der Freunde sind. In jungen Jahren ist uns das gar nicht so aufgefallen. Aber eins haben fast alle gemeinsam: Sie sind in unerfreulichen Zeiten geboren und die Frauen unter ihnen in der Überzahl.

An und für sich stünde uns für ein Gespräch Ortrud zur Verfügung. Sie ist eine Frühaufsteherin und hat um acht Uhr bereits Badezimmer, Morgengymnastik und Frühstück hinter sich. Um zehn wird sie sich mit ihren Nordic-Walking-Stöcken auf den Weg machen. Bliebe also eine gute Stunde, um den Tod des Freundes von allen Seiten zu betrachten. Aber für jemanden mit verschrecktem, schwermütigem Gemüt ist sie im Augenblick einfach zu patent. Allein schon diese akzentuierte Sprache! Natürlich bewundernswert, dass sie nach dem Krieg sogar Dächer eigenhändig gedeckt hat – unter anderem, versteht sich. Und immer bester Laune – „Wie fröhlich bin ich aufgewacht, wie sanft hab ich geschlafen zur Nacht" –, ein Zustand, den man in melancholischen Phasen als besonders deprimierend empfindet. Aber in der Freundschaft ohne jeden Tadel – Ortrud ist sofort zur Stelle, auch wenn es sich lediglich um eine leichte Erkältung handelt – „Geh ins Bett, ich komm gleich mal rum." Nein, Ortrud fühlen wir uns im Moment nicht so recht gewachsen.

Aber Charlotte. Bei ihr würde ein Anruf so gegen elf passend sein. Dann ist sie wieder von ihren Einkäufen zurück. Danach räumt sie ihre Wohnung auf, was allerdings wenig nützt, weil sie sofort wieder vergisst, wo sich das Aufgeräumte befindet. „Ich hab einen ganz reizenden Brief von Lorchen bekommen, den muss ich dir unbedingt vorlesen, Moment, ich hol ihn mal." Lorchen ist die Enkeltochter, und wir können uns gut vorstellen, was in dem Brief drinsteht, nämlich so gut wie nichts. Aber das in riesigen Buchstaben, um die Briefkarte zu füllen. Auch wissen wir, wie lang ein Moment der Suchenden dauert und was sie als Entschuldigung sagen wird: „Zu dumm, wirklich, ich habe ihn extra zurechtgelegt, und nun kann ich ihn wieder nicht finden." Doch bis auf diese Kleinigkeiten ist sie, wie alle unsere Freunde, überaus lobenswert, einmalig großzügig, verständnisvoll. Nur in mancher Hinsicht, wie wir finden, vielleicht im Augenblick nicht der richtige Gesprächspartner. Denn wenn wir unsere gemeinsame Trauer über den toten Freund austauschen wollen, aber gleichzeitig auch ein wenig den Finger heben – „Wir haben immer gesagt, er soll den Arzt wechseln" –, werden wir von ihr zu hören bekommen: „Wir sind alle in Gottes Hand", was ja sein mag, aber einen im Moment nicht in nötigem Maße interessiert. Also Charlotte lieber nicht.

Und wer käme am Vormittag sonst noch infrage? Da stünde uns Roberta zur Verfügung. Sie verlässt das Haus erst um zwölf Uhr dreißig. Solange wir sie kennen, hat sie nie für sich gekocht und hält überhaupt nichts von denjenigen, bei denen sich alles ums Essen dreht. Deshalb kann sie auch mit all den Meisterköchen, die uns das Fernsehen vorsetzt, wenig anfangen und äußert sich sehr abfällig über sie: „Da ist wieder dieser idiotische Mann mit seinen Kartoffelpuffern." Sie ist Kriegerwitwe, aber trotz dieser traurigen Tatsache recht gut über die Runden gekommen, auch wenn sie nicht mehr geheiratet hat. Jetzt als Rentnerin nützt sie die Zeit, um lange zu schlafen und bis Mittag in der Wohnung herumzuschlampen, bis es Zeit ist, sich eine

Futterstelle zu suchen. Sie kennt sämtliche Restaurants in der Umgebung, vor allem die bezahlbaren, und probiert gern Neues aus. Wie wir finden, macht sie von diesem Hobby manchmal ein bisschen zu viel her und kommt immer wieder mit dem Vorschlag, sie dabei doch einmal zu begleiten, der leider bei uns auf keine Gegenliebe stößt. Gerade erst hat sie wieder etwas „ganz Tolles" entdeckt: eine Kantine, ganz in ihrer Nähe, in der Damen und Herren der Verwaltung ihr Essen einnehmen und die zu ihrem großen Erstaunen für jedermann zugänglich ist, außerdem auch noch sagenhaft billig. Sie ist bei ihren Entdeckungen jedes Mal ganz besessen davon, was sie da wieder herausgefunden hat. Ohne Zweifel wird sie nach unseren ersten einleitenden Sätzen über das traurige Schicksal des Freundes sofort wieder mit so etwas anfangen. Also Roberta können wir streichen.

Und wie sieht es am Nachmittag aus? Da sind erst einmal die Zeiten der Mittagsruhe sehr streng zu beachten, die zwischen zwölf und vier liegen und auch den Herren des Freundeskreises heilig sind. Nach wie vor ist es die Aufgabe der Ehefrauen, uns mitzuteilen, dass Ludwig sich gerade hingelegt hat, etwas, was ein Herr alter Schule nie zugeben würde. Er tut vielmehr gerade etwas sehr Wichtiges, bei dem man ihn zwar stört, aber: „Macht nichts, du weißt, ich bin immer für dich da." Selbst im hohen Alter hat er in der Wohnung immer noch ein eigenes Plätzchen ganz für sich, das frühere Herrenzimmer, heute Büro genannt, während seiner Frau zum Schreiben der Esstisch genügen muss. Das Nickerchen wird sehr unterschiedlich gehalten – bei einigen beginnt es schon um ein Uhr, bei anderen erst um drei. Auch muss man mit Unregelmäßigkeiten rechnen.

Barbara fällt aus, sie sieht ab sechzehn Uhr eine Telenovela, was sie nie zugeben würde und als großes Geheimnis hütet, das wir alle mit ihr teilen. Es ist eine der Endlosserien, in denen, bis auf wenige Ausnahmen, viel Wechsel stattfindet. Auch hier, wie Barbara in unbedachten Momenten erzählt, kommt man mal wieder nicht ohne Adel aus und beeindruckt die Zuschauer mit Sätzen wie: „Was erlauben Sie sich eigentlich? Ich bin eine von Lindhorst."

Und wie ist es mit Mumpi? Sehr ungünstig – die sieht Fliege. Aber dann fragen wir uns, gibt es diesen Pastor, der sich immer mit dem Satz „Passen Sie gut auf sich auf" vom Publikum verabschiedet, überhaupt noch? Oder bringen wir das jetzt durcheinander, und der Spruch stammt von einer dieser kessen Moderatorinnen mit tiefem Ausschnitt? Ach, wenn es das Fernsehen nicht gäbe mit all seinen Nichtig- und Wichtigkeiten, das dafür sorgt, dass uns der Gesprächsstoff nie ausgeht! Worüber könnten wir uns sonst so endlos unterhalten und empören, wenn uns die Füße gerade noch bis zum Kaufmann um die Ecke oder zur Parkbank tragen und wir die Zeitungen nur mit riesigen Lupen lesen können?

Besonders heilige Zeiten sind natürlich die, in denen die Nachrichten gesendet werden. Da gibt es leicht Missstimmungen, wenn man sie durcheinanderbringt und nicht mehr weiß, wer Heute und wer die Tagesschau sieht. Abgesehen davon, gehören zum Freundeskreis Menschen, die sich stündlich immer dieselben Nachrichten ansehen oder anhören und dabei von ihrer Umgebung auf keinen Fall gestört werden dürfen. „Aber davon", sagt Barbara spitz, „werden die Renten auch nicht höher."

Die letzte Möglichkeit wäre Gerda, die das Glück hat, noch keine Witwe zu sein. Bei ihr haben die Enkelkinder das Sagen und dürfen, soweit es für die Kinderseelen unschädlich ist, das Programm bestimmen. Dummerweise beginnt ihre Lieblingssendung erst gegen einundzwanzig Uhr, dafür dauert sie aber nur fünf Minuten. Es handelt sich um ein Brot, das Bernd heißt und allerlei anstellt, was die Großeltern auch ganz ulkig finden. Aber danach steht uns Gerda jederzeit zur Verfügung, denn ihr Mann sieht Sport. So auch diesmal.

Natürlich ist Gerda von dem plötzlichen Tod des Freundes auch tief erschüttert, ganz schrecklich, und wir ergehen uns wechselseitig in Lobeshymnen über ihn. Aber leider kommen wir mit diesem Thema nicht so ausführlich zu Worte, wie wir gedacht haben, denn wie Gerda nun mit halblauter Stimme berichtet, hat es bei ihnen gerade ziemlichen Knies gegeben. „Und stell dir vor, nur wegen eines dämlichen Fotos."

Gerda gehört zu der Sorte Großmütter, bei denen es auf den Regalen von Fotos der Kinder und Enkelkinder nur so wimmelt. Nun leben wir in einer schnelllebigen Zeit, und manches hat einen kürzeren Atem als gedacht, vor allem, was Gerdas ältesten Sohn betrifft, der nun hofft, mit der dritten Gattin endlich das große Los gezogen zu haben. Bekannterweise ist die gute Gerda ein wenig schusselig, und so hatte sie heute bei der ersten Begegnung mit der neuen Schwiegertochter vergessen, die vorangegangene samt Sohn, beide in inniger Umarmung, aus dem Silberrahmen zu entfernen. Es dauerte seine Zeit, bis sie begriffen hatte, warum die Stimmung so eisig war und die Schwiegertochter ohne lange Erklärung zum Aufbruch drängte.

Vor zehn Minuten hat der Sohn ohne Rücksicht auf Bernd das Brot angerufen und sie mit Vorwürfen überschüttet. Ehrlicherweise finden wir dieses Drama auch hochinteressant und vergessen darüber ganz die Trauer um den verstorbenen Freund.

Aber neben dem Fernsehen muss man auch noch vieles andere bedenken, um nicht ins Fettnäpfchen zu treten: Jemand ist zum Beispiel gerade nach einer sehr unangenehm schmerzhaften Behandlung vom Zahnarzt zurückgekehrt, und wir vergessen ganz, ihn als Erstes zu fragen, wie er es überstanden hat, sondern reden gleich ungehemmt drauflos. Wir müssen also ebenso die Arzt- und anderen Termine der Freunde im Kopf haben.

Da kommt dann, je älter wir werden, immer häufiger der Moment, in dem wir uns nicht nur von den Katastrophen, mit denen uns die Medien überschütten, Vulkanausbrüchen, Flutwellen, Wirbelstürmen und Menschen, die sich in die Luft sprengen, überfordert fühlen, sondern auch von den ständigen Dramen in den Familien um uns. Plötzlich ist es so weit, wir wollen nichts mehr sehen und hören, ziehen uns in unsere vier Wände zurück und genießen die Stille. Solche Augenblicke erinnern mich an die damals fünfjährige Tochter meiner Freundin, inzwischen selbst Großmutter, der man die Mandeln entfernte. Erfüllt von dem aufregenden Erlebnis, ein Krankenhaus zu betreten, sah sie mit fröhlicher Erwartung diesem Eingriff entgegen, war aber danach ziemlich mitgenommen. Als der Arzt sie aufforderte, noch einmal den Mund zu öffnen, sagte sie weinerlich: „Ich sag jetzt ‚aaa‘ und dann gar nichts mehr." Und dieses Gefühl haben wir jetzt auch oft. Deshalb nehmen wir sehr zögerlich den Telefonhörer ans Ohr und seufzen tief, als uns eine vertraute Stimme fragt: „Hast du schon gehört?", und, ohne auf eine Antwort zu warten, weiterspricht: „Die Rente wird erhöht, um 1,1 Prozent!" Und da fangen wir an, aus vollem Hals zu lachen. Barbara Rütting hätte ihre Freude an uns. Wir lachen uns scheckig, gut und gern für vierundzwanzig Stunden Schlaf.

Kerstin Gier

Das geheimnisvolle Wetterphänomen
oder warum es immer genau dort regnet,
wo ich Urlaub mache

Meine Schwester ist nicht nur mit der besonderen Gabe gesegnet, die Schweiz riechen zu können, sie ist auch mit einem rätselhaften Zauber belegt, der bewirkt, dass es überall dort, wo sie Urlaub macht, einfach großartig ist. Jedenfalls, solange meine Schwester sich dort aufhält. Wenn ich eine Woche später an genau demselben Ort aufkreuze, findet dort garantiert ein Jahrhundertunwetter und/oder ein Militärputsch statt. Ich kann mir das nur so erklären, dass meine Eltern zur Taufe meiner Schwester alle Feen des Landes zu einem rauschenden Festessen von goldenen Tellern eingeladen haben, zu meiner Taufe hingegen nur die Verwandtschaft.

Wahrscheinlich ist dann zu vorgerückter Stunde und nach etlichen Verdauungsschnäpschen Tante Karla als meine Patin an meine Wiege getreten.

„Mögen diesem Kind auf Reisen ebenso viele Missgeschicke widerfahren wie mir!", wird sie genuschelt haben, und eine kleine Fee, die sich in den Vorhangfalten versteckt gehalten hatte, wird ihren Sternenstab gezückt und prompt mein Schicksal besiegelt haben. Wenn ich im Mai nach Mallorca fliege, gibt es dort Wolkenbrüche und Hagelstürme, während zu Hause liebliches Frühlingswetter herrscht. Fliegt meine Schwester nach Mallorca, ist es genau umgekehrt. Egal, wo ich auch hinkomme: Zu Hause ist das Wetter in meiner Abwesenheit immer wunderbar, vor Ort hingegen ist es scheußlich oder, wie die Einheimischen dann immer sagen, „ganz untypisch für diese Jahreszeit".

Das Gleiche gilt auch für das Feriendomizil. Während unsereins da schon mal Pech hat und sich das „idyllisch gelegene Natursteinhaus" als krümelige Bruchbude abseits jeglicher Zivilisation entpuppt und der „gepflegte Pool" als aufblasbares Planschbecken, logiert meine Schwester stets in Häusern, die ihre kühnsten Erwartungen in Sachen Lage, Ausstattung und Ästhetik sogar noch übertreffen.

Und ein Schnäppchen macht sie dabei auch immer noch.

Während ich krampfhaft versuche, meine Urlaubsziele so auszuwählen, dass ich von Tornados, Terroristen, Erdbeben, Bürgerkriegen, Vulkanausbrüchen und

Vogelgrippe verschont bleibe, muss meine Schwester sich darüber gar keine Gedanken machen: Solange sie am Urlaubsort weilt, gibt es so etwas dort ganz sicher nicht und auch keine Reaktorunfälle, Wasserknappheit, Lawinenabgänge, Salmonellenvergiftungen und Überschwemmungen.

Selbst Amokläufer warten, bis meine Schwester wieder abgereist ist.

Die rätselhafte Magie meiner Schwester ist glücklicherweise stärker als jeder Fluch: Wenn es irgendwie möglich ist, versuchen wir, unsere Urlaubsplanung der meiner Schwester anzugleichen. Ich fühle mich einfach viel sicherer, wenn sie dabei ist: Eine Seilbahn, in der meine Schwester sitzt, stürzt nicht ab!

Natürlich ist dieses Phänomen nicht unbemerkt geblieben. Nicht nur wir, auch andere möchten davon profitieren: Insa hat meiner Schwester sogar einen Preisnachlass von fünfzig Prozent sowie dreißig Gratis-Kugelschreiber angeboten, wenn sie mit ihr nach Indien kommt. Und die Busreise nach Idar-Oberstein bekäme sie sogar umsonst.

Auch die Geheimdienste haben meine Schwester längst im Visier: Unentwegt bekommt sie anonym Hochglanzprospekte aus aller Welt zugeschickt, die Regierungen von den Philippinen, Pakistan und Nordkorea haben ihr sogar ganz offiziell Einladungen zu Gratis-Ferien gesandt.

Ich hingegen erhielt vorgestern Post aus Peking: „Liebe Frau Gier, wir bitten Sie herzlich, während der Olympischen Sommerspiele 2008 von einem Aufenthalt in unserem Land Abstand zu nehmen. Achtung: Dieser Brief vernichtet sich nach fünf Sekunden von allein." Gut, dass ich für den Sommer 2008 schon andere Pläne habe. Vielleicht wird aber meine Schwester zu den Olympischen Spielen reisen. Heute jedenfalls wurde ihr eine schöne Vase aus der Ming-Dynastie geliefert, mit den besten Grüßen aus Peking.

Hans Fallada

Ruhe, jetzt wird gearbeitet!

Ein paar Tage gehe ich noch still umher. In meinem Kopf wiederholt sich mit hartnäckiger Regelmäßigkeit ein ganz bestimmter Satz, der erste Satz meines neuen Romans. Wenn ich mit dem Hund spazieren gehe oder wenn das Licht gelöscht ist, im Einschlafen, oder mitten in unserer fröhlichen Tischrunde, überfällt es mich und ich fange an, die erste Szene aufzubauen. In der großen Linie weiß ich längst, wie der neue Roman laufen wird, aber nun arbeitet mein Kopf an dem ersten Kapitel, was der sagen wird, wie jene Person einzuführen ist. Mein Kopf ist hartnäckig, unerbittlich kaut er den Stoff des ersten Kapitels immer wieder durch.

Ärgerlich sage ich zu ihm: ,Ja, ja, das weiß ich nun schon, mein Lieber! Denk doch mal über das zweite Kapitel nach!'

Aber das will er nicht. Er will sich jetzt nur mit dem ersten Kapitel beschäftigen; bis das niedergeschrieben ist, weigert er sich, über das zweite nachzudenken. Also muss ich mich zur Niederschrift des ersten entschließen.

Ich nehme all meinen Mut zusammen, ich benutze einen Augenblick, da ich mit Suse allein bin, und sage zu ihr: „Du, Suse, ich glaube, ich fange wieder mit Arbeiten an …“

„O Gott, Junge!“, ruft sie und schaut mich erschrocken an. „Schon wieder? Und du hast mir fest versprochen, diesmal mindestens ein Vierteljahr Pause zu machen! Du warst das letzte Mal völlig erledigt, als du fertig warst!“

„Ja, ich weiß“, gebe ich schuldbewusst zu. „Diesmal wollte ich auch bestimmt gründlich ausruhen. Aber die Sache ist die, dass mein Kopf plötzlich wieder zu arbeiten angefangen hat, ich wollte es wirklich nicht. Und nun predigt er mir ewig den gleichen Text vor, und wenn ich ihn jetzt nicht niederschreibe, so wird er abgestanden und verbraucht und ich habe ihn für ewig verloren.“

„So lass ihn verloren gehen!“, ruft Suse. „Dir fällt immer wieder etwas Neues ein. Du musst dich wirklich einmal gründlich ausruhen. Du machst eigentlich überhaupt keine Pause mehr zwischen deinen Arbeiten!“

„Suse“, sage ich vorwurfsvoll, „sage doch bloß so was nicht! Ich habe jetzt volle drei Wochen pausiert. In diesen drei Wochen habe ich alles aufgearbeitet, was liegen geblieben war. Ich habe sämtliche Rohbilanzen gemacht, die Kasse stimmt auf den Pfennig. Ich habe die Bücher neu geordnet und das Bücherverzeichnis ist auf dem Laufenden, auch das Schallplattenverzeichnis. Alle Fotos sind eingeklebt, alle Schränke geordnet. Ich habe den Schalter in deinem Zimmer repariert und aus der Senkgrube den silbernen Löffel gefischt, den Achim reingeworfen hatte. Meine Bienen sind versorgt, ich habe sogar schon den Bestellplan für das nächste Jahr gemacht und den Kunstdüngerbedarf ausgerechnet. Meine Briefmappe ist völlig leer, ich weiß keinen Menschen mehr, an den ich schreiben könnte. Suse", sage ich bittend, „ich komme mir ohne Arbeit wie der überflüssigste Mensch von der Welt vor, ich muss wieder arbeiten!"

„Aber ruhe dich doch einmal richtig aus! Lege dich doch im Liegestuhl in die Sonne und lies ein Buch. Bade. Geh mit den Kindern spazieren. Nimm richtig einmal Urlaub, wie es jeder vernünftige Mensch tut."

„Aber da ist dieser Stoff, den ich im Kopf habe", widerspreche ich hartnäckig. „Es ist ein hübscher kleiner Stoff, ich möchte ihn nicht gerne verlieren."

„Du wirst ihn schon nicht verlieren!", ruft Suse wieder. „Wenn du es hier nicht aushalten kannst, so geh ein bisschen auf Reisen. Deine Mutter schreibt schon so lange, warum du gar nicht kommst? Zwei Jahre bist du jetzt nicht bei ihr gewesen!"

„Ach, Reisen!", sage ich. „Du weißt, ich vertrage das Reisen nicht, ich kann nicht unter so vielen Menschen sein. Und dann das ewige Reden … Nein, am wohlsten fühle ich mich hier in meiner Höhle. Ich möchte mit Arbeiten anfangen."

„Ja", sagt Suse bitter. „Das möchtest du. Und ich weiß ja auch, alles Reden nützt nichts, wenn du dir das erst einmal in den Kopf gesetzt hast. Aber wenn du fertig bist, klappst du wieder zusammen und ich kann dich als halbe Leiche in ein Sanatorium schaffen –!"

„Diesmal klappe ich bestimmt nicht zusammen!", sage ich siegesgewiss. „Diesmal wird es ja nur ein Römänchen, dreihundertfünfzig, höchstens vierhundert Druckseiten. Ich habe gedacht, Suse", fahre ich überredend fort, „ich setze mein Tagespensum auf sechs Druckseiten fest. Dann kann ich vormittags noch mit dem Hund spazieren gehen und habe den Nachmittag für allen Kleinkram frei. Das ist doch wirklich ein bequemer Arbeitsplan!"

„Das von den sechs Druckseiten täglich", sagt Suse, „das habe ich nun schon bei jedem Roman von dir gehört, und nie hast du es eingehalten. Zum Schluss schreibst du dann doch wieder zwanzig oder gar fünf-undzwanzig und schläfst überhaupt nicht mehr!"

„Aber Suse", lächle ich überlegen. „Das kann bei diesem Romänlein nun wirklich nicht passieren. Wenn ich zwanzig Druckseiten am Tage schreiben wollte, so wäre ich in vierzehn Tagen mit dem ganzen Buch durch. So was tue selbst ich nicht!"

„Ach, red du!", meint Suse ärgerlich. „Aber wem nicht zu raten ist, dem ist auch nicht zu helfen! Wann willst du denn anfangen?"

„Ich habe gedacht, morgen ..."

„Und in welchem Zimmer willst du diesmal arbeiten?"

„Ich nehme das Balkonzimmer. Es ist doch am ruhigsten. Man hört dort nichts vom Hof und von der Küche."

„Aber wenn jemand im Garten ist, wirst du gestört."

„Das wird ja diesmal alles gar nicht so schlimm. Sechs Seiten Tagespensum, das ist doch nur ein Klacks für mich. Ich bin augenblicklich auch gar nicht sehr geräuschempfindlich und schlafe für meine Verhältnisse ganz gut."

„Also schön", ergibt sich Suse. „Dann werde ich allen im Haus Bescheid sagen, dass du von morgen an arbeitest. Die werden sich aber freuen –!"

Erleichterten Herzens begebe ich mich in mein künftiges Arbeitsgemach hinauf und fange an, mich einzurichten. Die Aussprache mit Suse liegt hinter mir, sie ist einverstanden, dass ich wieder arbeite. Gottlob, dass dies Schwerste erledigt ist!

Ich glaube alles, was ich ihr gesagt habe, von den sechs Seiten täglich, von dem Romänchen, von der geringen Geräuschempfindlichkeit, von dem guten Schlaf. Das alles ist im besten Glauben gesagt, ich habe nicht geschwindelt. Ich fühle mich wirklich frisch und arbeitslustig. [...]

Die Stunden, da ich alles für die neue Romanarbeit vorbereite, gehören zu den glücklichsten meines Lebens.

Oliver Uschmann

Unperfekt sein

Hartmut hat einen Club gegründet. Er hat den Lagerraum komplett vom Trödel befreit, einen blauen Teppich verlegt, Blumen auf die Fensterbänke gestellt, einen Duftstecker in die Steckdose gepackt und die Fenster geputzt. Und er hat Erfolg.

Seit drei Wochen kommen die Leute nun schon zu den Sitzungen, selbst Hans-Dieter schaut ab und zu vorbei. Ich stehe manchmal am Rand und beobachte, bringe den Kursteilnehmern und Hartmut was zu trinken oder schließe das Fenster, wenn jemand das verlangt. Ich sehe Hartmut in seinem Element, und es macht mir Freude zu beobachten, wie er in seiner Aufgabe aufgeht, einer Aufgabe, die er selbst erfunden hat und die auch noch funktioniert.

Zehn Leute sind heute da. Das Sonnenlicht dringt angenehm gedämpft durch die neuen Bambusrollos, und in der Anlage läuft Panflöten-Musik. Die Teilnehmer stehen auf ihren dünnen Matten und machen Vorbeuge, halbe Hebung, Liegestütz und Krieger-1-Yoga-Bewegungen. Plötzlich sagt Hartmut: „So, und jetzt achtet darauf, dass ihr im Krieger alles schön schludrig macht. Das vordere Bein nicht heldenhaft beugen, sondern genauso unschlüssig zwischen ‚ein bisschen gebeugt‘ und ‚gestreckt‘ hin- und herzittern lassen, wie es sich anfühlt. Den Rücken schön krumm, den Oberkörper ruhig hinten lassen. Seid unperfekt, macht die Bewegungen unsauber! Jaaa, so ist gut." Die Sekretärinnen, Kaufmänner, Schreiner und Anglistik-Studenten brechen sich einen ab, schludern sich durch die Bewegung und grinsen. Ein junger Mann ganz hinten fängt plötzlich an, wie ein Helikopter mit den Armen zu rudern und „pffffrrrruuuuum!" zu machen, setzt sich dann an die Wand und öffnet erst mal ein Bier. Hartmut jubelt: „Jaaaaa! Jaaa! Ein bisschen sehr übermütig, aber tendenziell genau das, wo ich hinwill! Super!" Die Beteiligten drehen sich aus der Krieger-Haltung mühsam nach hinten und beginnen zu lachen. Einer kippt um und bleibt auf der Seite liegen wie eine Schildkröte. Hartmut hat Erfolg.

Die Idee zu seinem Club kam Hartmut eines Abends beim Playstation-Spielen. Seit Stunden hatten wir versucht, Rollcage zu knacken, ohne dabei wahnsinnig zu werden. Das schwerste Action-Rennspiel der Programmiergeschichte ließ uns nicht los. Irgendwann gegen Mitternacht bretterte ich durchs Ziel, die tödlichen

Kanten und Absturzecken hatte ich bei Tempo 360 millimetergenau umschifft, die Siegesmelodie ertönte, meine schwitzigen Hände ließen das Joypad sinken, und ich sah Hartmut erstaunt aus dem angefressenen Sessel an.

„Wie hast du das denn jetzt gemacht?", fragte Hartmut.

„Keine Ahnung", sagte ich. „Bin einfach drauflosgeschossen. Hab nicht mehr gedacht dabei."

„Einfach so?"

„Ja."

„Ohne Konzentration? Ohne Präzision? Ohne Bewusstheit?"

„Einfach so", sagte ich stolz. „Scheiß drauf, einfach so!"

Hartmuts Augen leuchteten. Es war dieses Leuchten, das eintritt, wenn in Hartmut eine neue Idee entsteht. Die bläulich flimmernden Credits des Abspanns reflektierten in seinen Augen, rasende Wiederholungen meiner Siegesfahrt.

„Das ist es!", sagte er dann. „Das ist es! Seien Sie unperfekt! Scheißen Sie auf Präzision! Machen Sie es falsch! Einfach so!" Er erhob sich aus dem Sessel und begann, mit der Hand am Kinn auf dem Flokati im Kreis zu laufen. Wenn er sprach, richtete er den Zeigefinger auf mich oder wedelte mit ihm vor seiner Nase herum, bevor er ihn zum Denken wieder am Kinn platzierte, die Arme verschränkt. Ich fühlte mich wie bei Columbo. „Verstehst du, was ich meine?", sagte er. „Die Leute sollen immer überall perfekt sein. Am Arbeitsplatz, zu Hause, selbst in der Freizeit. Diese ganzen Bücher über Selbstmanagement. Selbst der Büromann im kleinsten, stinkenden Hinterhof-Getränkehandel-Kabuff muss sich heutzutage Gedanken darüber machen, ob sein Büro auch gut genug organisiert ist, aufgeräumt, reduziert, alles an seinem optimalen Platz. Schon Schüler planen ihre Hausaufgaben nach Zeitmanagement-Büchern. Und dann das Bewerbungen-Schreiben. Hast du mal in diese Ratgeber und Karrieremagazine gesehen, worauf man da alles achten muss? Da kannst du Einstein sein, aber wenn du deine Blätter nicht so und so ausgedruckt und dieses und jenes Clip-Mäppchen hast, ungetackert, versteht sich, und ohne ‚Betreff:' in der Betreffzeile, dann bist du draußen! Draußen!" Hartmut wischte mit seinem Arm einmal durch den Raum und schrie fast aggressiv, als wolle er seine Empörung über diese darwinistischen Machenschaften in Lautstärke umwandeln. „Die Leute werden total bekloppt gemacht!", rief er weiter, rannte plötzlich aus dem Raum, wuselte hinten in seinem Zimmer, kam zurückgeschossen, ehe der Kordelvorhang ausgeschwungen hatte, hielt mir ein paar Bücher wie Skatkarten vor die Nase und knallte sie dann nach und nach auf den Tisch. „*Das effektive Büro, Das 1x1 des Zeit-Managements, Trau dich, reich zu werden!, Die perfekte Bewerbung, Die optimale Ernährung, Positives Denken*, soll ich weitermachen!?" Hartmut atmete tief ein. „Das soll alles dein Leben erleichtern, aber in Wirklichkeit macht es dich kirre!", sagt Hartmut. „Wo du auch bist, ständig fängst du an, dich zu fragen, ob du auch alles richtig machst. Wenn es mal im Büro nicht läuft, dann muss es an dir liegen, denn du hast deinen Arbeitsplatz nicht optimal vereinfacht, und ohnehin ist da schlechtes Feng-Shui in deiner Raumecke. Im Supermarkt krümmst du dich vor schlechtem Gewissen, wenn du dein Nutellaglas aus dem Regal nimmst und die Pizza mit den vielen ungesunden Stoffen, und dass du gestern Abend wieder die Zeit mit Fernsehen vertan hast, macht dich wahnsinnig! Hast du etwa nicht *Das 1x1 des Zeitmanagements* gelesen? An der Kasse beim Bäcker erinnerst du dich, dass du geradestehen musst, gerade" – Hartmut macht es vor und drückt sich theatralisch wie ein Soldat auf dem Teppich in die Senkrechte –, „und, Scheiße, du hast schon den ganzen Tag vergessen, die tiefe Atmung zu benutzen. Ja, verdammt noch mal! Und dann kommst du nach einem harten langen Tag nach Hause, gehst zum Feierabend ins Fitness-Studio, und egal, was du da machst, du musst es richtig machen, richtig. Denn wie wir alle wissen, und schon Schwarzenegger sagte das in den 70ern – eine einzige Übung, bei der du dich voll auf den Muskel und die Bewegung konzentrierst, ist besser als hundert Übungen, bei denen du in Gedanken woanders bist. Perfekt, perfekt, perfekt muss es sein, und du musst alles bedenken für dein Lebenswohl, alles bedenken, immer bedenken" – Hartmut gerät langsam in Rage, geht ans Fenster und spricht mit dem Gesicht zum Halbmond –, „und wenn du auch nur ein Detail übersiehst" – er springt wieder zu mir und betont das „ein" mit dem fuchtelnden Zeigefinger vor meiner Nase –, „dann bist du selbst dran schuld, wenn dein Leben kacke verläuft, denn du hättest es ja besser machen können, und du wusstest es!" Er knallt mit den Händen zum Abschluss seiner Rede auf den Stapel Selbstmanagement-Literatur und stellt sein stilles, tiefes Atmen an, um den Vortrag nachwirken zu lassen. Ich will ihn fragen, warum er denn diese ganzen Bücher besitzt, wenn sie ihn so aufregen, aber ich verkneife mir dieses Risiko. Hartmut hat die Bücher ein paar

Wochen nach dem Weggang von Susanne gekauft. Hartmut hat einen neuen Plan. Jetzt muss man im Sessel sitzen, schweigen und abwarten. Er atmet noch ein paar Mal bedeutsam, richtet sich dann wieder auf und sagt: „Hast du schon mal einen Ratgeber gelesen, in dem stand: Wenn Sie das schwerste Reaktionsspiel der Welt schaffen wollen, müssen Sie einfach wie mein Mitbewohner hier unbewusst drauflosrasen, und es wird dann schon irgendwie klappen? Hast du das jemals gelesen?" Ich schüttele den Kopf. Hartmut hält noch mal kurz inne, starrt mit dem Finger am Kinn an die Wand mit den Postkarten, sagt dann: „Ich brauche jetzt den Lagerraum", und verschwindet im Ostflügel. Und so entstand er: Hartmuts kleiner Club für Lebensfreude für Unperfektheit. Zweimal in der Woche treffen sie sich, und die Gruppe wächst stetig. Schon wenige Flyer in den Vorräumen großer Konzernzentralen, Sporthallen und Uni-Flure haben gereicht, und Hartmut hatte den umgebauten Lagerraum voll. Sie bezahlen drei oder acht oder zehn Euro im Monat oder pro Sitzung oder pro Woche. So genau weiß das keiner, denn Hartmut hat nichts festgelegt. Selbst die Kurszeiten beginnen irgendwann dienstags und freitags, wenn halt die ersten am Feierabend eintrudeln, und manchmal gehen die Kurse bis tief in die Nacht und enden darin, dass alle Teilnehmer im Kursraum vor dem kleinen Fernseher auf dem blauen Teppich sitzen, Fusel trinken und unsere Schwertransporterreportagen ansehen.

Heute Abend geht es mit der Enttabuisierung weiter. Hartmut beendet die Yoga-Stunde und holt eine Flasche Ketchup, eine Packung klebrigen Zuckerrübensirup und ein wenig Motoröl aus einem Karton. „So, und jetzt üben wir zu verstehen, dass nichts passiert, wenn wir uns dreckig machen. Die Welt wird nicht untergehen, das Universum nicht implodieren, ihr werdet nicht aus der menschlichen Gemeinschaft ausgeschlossen. Wer möchte anfangen?" Der Student meldet sich, geht nach vorne, spritzt sich eine Runde Ketchup auf sein Hemd und schaut stolz in die Runde. Dann setzt er sich wieder, diesmal auf die Fensterbank, um die Symmetrie zu durchbrechen und nicht erwartbar an seinen alten Platz zurückzugehen. Während er sich hinsetzt, stößt er eine kleine Gießkanne von der Fensterbank. Altes Wasser läuft auf den Teppich. Diese kleinen Fortschritte machen Hartmut glücklich. Er grinst anerkennend. „Und nun du, Margot!", sagt Hartmut und winkt die Sekretärin mit der weißen Bluse und der sandfarbenen Hose zu sich. Sie sträubt sich ein wenig. Es muss schon schwer für sie gewesen sein, in ihrem beruflichen Outfit unperfektes Yoga zu machen und die gut gebügelten Sachen vollzuschwitzen, aber das jetzt muss für sie werden wie die berühmte Krabbel-Schock-Therapie bei Spinnenangst. Ich überlege mir langsam, RTL II einzuladen und den Kurs heimlich filmen zu lassen. Margot tapst schüchtern nach vorne, hockt sich vor Hartmut und hebt fast reflexartig die Arme zur Abwehr, als er die ganz harten Geschütze auffährt. Zuckerrübensirup. Das scheint zu viel für sie. „Nein, nein, das können Sie … das kannst du nicht …"

„Pssssssssst!", macht Hartmut, nimmt ganz zart ihre Hand in seine und pinselt mit der anderen ein wenig von der klebrigen schwarzen Flüssigkeit auf die Bluse. Margot zittert und weint fast, aber es ist dieses Patienten-Weinen, wenn der Therapeut Fortschritte macht, und als Hartmut fertig ist, öffnet sie langsam ihre Augen und sieht ihn dankbar an. Unsicher wankt sie zu ihrem Platz zurück und schweigt erst mal. Hans-Dieter aus dem Anbau hat weniger Probleme mit der ganzen Sache. Munter geht er nach vorne, klatscht sich Motoröl auf seine Jeans, rülpst einmal und sagt laut: „Wissen Sie was, Chef, ich scheiße darauf, wieder und wieder Ihren Computer zu reparieren! Wer so mit seinem PC umgeht wie Sie, ist sowieso nicht mehr zu retten. Gehen Sie zum Teufel und ficken Sie seine gehörnte Schwester! Prost!" Dann nimmt er eine Flasche Ja!-Korn und trinkt einen Schluck.

„Das war schon fast etwas zu viel, aber lasst euch ruhig aus, wenn euch danach ist!", sagt Hartmut.

Nach zwei weiteren therapeutischen Befleckungen rastet Margot plötzlich aus. Unvermittelt wirbelt sie mit den Armen um sich und schreit: „Ich kann es nicht mehr ertragen! Macht es weg! Macht es weg!" Sie versucht, sich die Bluse vom Leib zu reißen, bleibt hängen, zerfetzt die Naht, wird immer wilder, steigert sich in Rage, verpasst dem neben ihr sitzenden Geschäftsmann einen Faustschlag, sitzt schon längst nur noch im Büstenhalter da, während ihre sirupbefleckte Bluse durch den Raum fliegt, und wird erst ruhiger, als Hartmut sie sanft, aber bestimmt an den Schultern packt, beruhigt und ihr eine Joggingjacke um den Körper legt. Margot lässt sich auf seine Brust sinken und wimmert. Sie hat einst ein paar Handwerker von IKEA acht Stunden bei sich verweilen lassen, bis der Kurierfahrer es endlich geschafft hatte, eine Front-Tür im Küchenschrank zu besorgen, die keinen minimalen Kratzer aufwies, so genau man auch suchte. Margot wird langsam ruhiger.

Den Rest des Abends verbringt Hartmut mit einfacheren Übungen. Mit zwei Teilnehmern übt er die interne

Verwüstung des Autos, verteilt Schokoriegel-Papier und Leergut auf den Sitzen und schaufelt ein wenig Dreck von der Straße auf die Fußmatten. Mit zwei anderen geht er gegenüber in die Pommesbude und bestellt zwei dreifache Currywurst mit Pommes Spezial. Der Student darf seiner heimlichen Liebe zur Volksmusik frönen und muss nicht mehr Sonic Youth hören. Irgendwann wird er es vielleicht sogar schaffen, seine Neigung dem engsten Freundeskreis zu gestehen. Weit nach Mitternacht löst sich die Gruppe auf und geht glücklich von dannen.

Acht Wochen hat das Projekt von Hartmut funktioniert.

Acht Wochen.

Dann kam dieser Manager aus der Unternehmensberatung, den ich schon vom ersten Tag an misstrauisch beäugte. Doch Hartmut wollte meine Warnungen nicht hören. Dieser Mann tat sich zu leicht mit Hartmuts Aufgaben, er hatte regelrecht Spaß daran, und das von Anfang an. Der hätte sich noch im Schweinezuber gewälzt, wenn man ihn drum gebeten hätte, und ich konnte mir nicht helfen: Das war kein Teilnehmer, das war ein Beobachter. Ein Spion. Und ich sollte recht behalten. In der zwölften Woche blieb der Mann in der Tür stehen, bis alle gegangen waren, und sprach Hartmut strahlend an: „Ach, Hartmut, wissen Sie, jetzt habe ich es!"

„Was hast du?"

„Ein Buch. Eine Idee. Der Durchbruch Ihrer Idee!"

„Der Durchbruch meiner Idee. Wie, was, Moment mal, wer hat denn von Durchbruch …?"

„Ist Ihnen denn nicht klar, was Sie hier erschaffen haben? Die Kunst des Unperfekt-Seins. Das Loslassen-Können. Die Fähigkeit, ein fehlerhaftes Wesen sein zu dürfen und sich unsinnige, ungesunde Pausen zu gönnen. Das ist genau das, was in der Berater-Literatur immer gefehlt hat! Das ist das fehlende Puzzle-Stück im Mosaik perfekter Lebenskunst. Wenn ich das meinen Kunden empfehle, auch das Kind in sich wiederzuentdecken, sich fehlerhafte Tage zu erlauben, einfach draufloszumachen – das weckt Energien, die vorher verschüttet waren."

Hartmut stand auf der Schwelle des blauen Teppichs und war still. Er hatte schon verstanden, was hier vor sich ging, aber er wollte es noch nicht ganz wahrhaben. Er ließ es geschehen.

„Nun, wie auch immer, Sie sind ein intelligenter Mann, Sie wissen, was Sie da entwickelt haben. Schreiben Sie das Buch mit mir, werden Sie mein Koautor, lassen Sie uns gemeinsam diese Kurse anbieten. Nicht für ein paar zufällige Euro natürlich; sondern dann schon richtig, man muss es ja nicht übertreiben mit der Kohärenz von Inhalt und Form, nicht wahr?" Er klopfte Hartmut unangenehm lachend auf die Schulter. „Überlegen Sie's sich", sagte er. „Wenn Sie nicht mitmachen, mache ich es alleine. Es gibt kein Patent auf diese Idee. Geben Sie mir in spätestens zwei Wochen Bescheid. Wenn nicht, fange ich ohne Sie an."

Hartmut gab nicht Bescheid.

Der Lagerraum steht wieder voll mit unserem Krempel, der Club ist geschlossen. Ein halbes Jahr später erschien bereits das Buch mit dem Titel „Die Kunst, Fehler zu machen – wie Sie durch absichtliches Unperfekt-Sein Lebensfreude und Kompetenzen optimieren!". Hartmut und ich sitzen oft im Sessel und widmen uns den neuesten schwersten Spielen, die je programmiert wurden. „Jetzt zieh doch einfach durch!", brülle ich, als er unter derbstem Kreuzfeuer mit seinem Raumschiff immer noch die Spezialfunktion sucht. „Einfach drauflos, ist doch jetzt egal mit der Extrawaffe!", schreie ich, doch Hartmut manövriert weiter mühsam und sucht derweil nach der Tastenkombination für den Megablast. Er wird abgeschossen. Ich schimpfe: „Mensch, du hättest bloß einfach Augen zu und …"

Hartmut holt tief Luft, sieht mich streng an und sagt ganz langsam und betont: „Ich mache es richtig oder ich mache es gar nicht! Richtig oder gar nicht!" Ich halte die Schnauze, signalisiere mit den Händen, dass er machen kann, was er will, und schaue zu, wie er den Level neu startet.

Jutta Profijt

Buona sera, Seniorina

Rosa riss die Arme hoch und winkte den Menschen vor der kleinen Bühne atemlos zu. Sie hatte gewonnen! Der Tanzlehrer, der sie hervorragend geführt und ihr zum Sieg verholfen hatte, trat bescheiden einen Schritt zurück und applaudierte ebenfalls.

„Unsere ‚Let's Dance'-Gewinnerin in der Kategorie Sechzig plus heißt…", rief der Mann am Mikro. Natürlich hatte Rosa sich nicht in der für sie eigentlich korrekten Kategorie Ü-Siebzig angemeldet. Gegen arthritische Rentner anzutreten lag weit unter ihrem Niveau. Und mit ihren schulterlangen hennaroten Locken und der Batik-Tunika in Sonnengelb, die ihre wohlgerundeten Formen umspielte, ging sie locker für Anfang sechzig durch. Sicher, das lag auch an ihrer körperlichen Fitness. Tägliches Yoga hielt sie geschmeidig, und ihre Körperhaltung hatte nichts von dem Selbstbewusstsein eingebüßt, das die als Volksschauspielerin stadtbekannte Rosa Liedke über Jahrzehnte hinweg zum Publikumsliebling gemacht hatte.

Die Sprechpause des Moderators dauerte zu lang. Dafür hatte Rosa ein untrügliches Gespür. Der Mann hatte ihren Namen vergessen. Die Idee, mit dem samstäglichen Spontan-Wettbewerb auf einer mobilen Bühne Tanzkurs-Schnupper-Gutscheine zu verschenken, war ein toller Marketing-Gag, das musste man der Tanzschule lassen. Aber der Moderator war ein Fehlgriff. Während der Mann hektisch in seinen diversen Stichwort-Kärtchen blätterte, ging Rosa völlig entspannt zu ihm, nahm das Mikrofon an sich und sagte: „Rosa Liedke. Ich führe Ihnen gern die Hand, wenn Sie den Gutschein ausfüllen."

Das Publikum johlte.

„Und warum, bitte schön, kannst du mich nicht begleiten?", fragte Rosa zwei Stunden später. Mit vorwurfsvollem Blick folgte sie Konrad in die gemeinsame Küche. Verschiedene Zufälle hatten dazu geführt, dass sich Rosa vor Kurzem mit einigen anderen, extrem unterschiedlichen Menschen eher unfreiwillig in einer Wohngemeinschaft zusammengetan hatte. Konrad war dabei noch der angenehmste Mitbewohner, denn er übernahm die meisten Haushaltstätigkeiten. So auch jetzt, als er erst die Einkäufe verstaute und sich dann ans Kaffeekochen machte.

„Weil ich bereits zu diesem Schnupper-Tanzkurs gehe. Und zwar mit Henriette."

Konrad und Henriette, beide jenseits der siebzig, waren seit einiger Zeit ein Herz und eine Seele. Wer von beiden beim Schlitzohr-Wettbewerb die Nase vorn hatte, war für Rosa nicht erkennbar, interessierte sie aber auch nicht. Die beiden spielten in einer Liga und waren einander gewachsen.

„Henriette ist keine Partnerin für einen Tango. Sie ist zu klein für dich, zu unsicher auf den Beinen und …"

Konrad lächelte, schnitt Rosa aber mit einer entschiedenen Geste das Wort ab. „Spar dir die Mühe. Ich gehe mit Henriette zu diesem Kurs. Warum fragst du nicht Herrn Seefeld?"

Rosa schnaubte abfällig. Hans Seefeld war vollkommen indiskutabel! Er kritisierte Rosa ständig wegen ihres Hangs zur Unordnung, forderte sie nach dem Essen zum Spülen auf, wenn sie lieber einen Joint geraucht hätte, und machte sie überhaupt mit seinen ständigen Regeln und Vorschriften wahnsinnig. Er war Soldat gewesen, bevor er zum Lehrer umschulte, bewegte sich, als habe er ein Bajonett verschluckt, besaß die Leidenschaft eines Hydranten, war humorlos und …

„Was möchte Frau Liedke mich nicht fragen?"

… und er bewegte sich lautlos wie ein Spion in der

Dunkelheit, was Rosa regelmäßig auf die Palme trieb. Rosa seufzte. „Ich habe einen Gutschein für einen Tanzkurs, aber keinen Partner, weil Konrad bereits mit Frau Zucker verabredet ist. Aber davon verstehen Sie nichts, denn Tanzen ist eine dieser Aktivitäten, die mit sozialer Interaktion zu tun haben, also weit außerhalb Ihrer Kernkompetenz."

Seefeld hob die linke Augenbraue um den Bruchteil eines Millimeters. „Welche Art Tanzkurs ist es denn?"

„Tango", sagte Konrad träumerisch, nahm die Arme in Tanzposition und machte zwei kleine Schritte, bevor er die Kanne und zwei Tassen auf den Tisch stellte. Dass Seefeld keinen Kaffee trank, wusste in diesem Haus jeder.

„Ich nehme nicht an, dass es Ihre Meinung ändert, aber ich war Landesmeister im Tango Argentino in meiner Altersklasse."

„Im Ersten oder Zweiten Weltkrieg?", fragte Rosa.

„Ich bin fast zwanzig Jahre jünger als Sie, liebe Frau Liedke, also lassen Sie die Steine liegen."

Rosa hatte bereits eine Antwort auf der Zunge, schluckte sie aber herunter. Was war in einem Tango-Kurs wichtiger: ein Partner, der charmante Reden schwang, oder einer, der tanzen konnte? Jemand mit beiden Talenten war offenbar nicht verfügbar, auch der Charmeur war schon vergeben. Vielleicht war Seefeld tatsächlich einen Versuch wert.

„Wie kommt jemand wie Sie auf die Idee, an einem Tanzwettbewerb teilzunehmen?", fragte Rosa, um nicht den Eindruck zu erwecken, sie hätte nur auf Seefeld gewartet.

„Wie kommt jemand wie Sie, die doch schon alles weiß und alles kann, auf die Idee, einen Kurs zu belegen?", konterte Seefeld.

„Ich will Spaß haben", erwiderte Rosa in der Gewissheit, den verbalen Schlagabtausch damit zu gewinnen.

„Das ist bei mir anders", gab Seefeld zu. „Wäre es so, kämen Sie als Begleitung nicht infrage."

Der Kaffeenebel, den Konrad über den Tisch prustete, enthob Rosa einer Antwort.

„Herzlich willkommen, ich freue mich, Sie zu diesem Nachmittag voller Leidenschaft begrüßen zu dürfen!" Der Tanzlehrer sprach so beschwingt, wie er tanzte, bei dem Wort Leidenschaft machte er gar einen kleinen Hüpfer. Ein bisschen affig, aber Rosa sah darüber hinweg. Sie wollte sich amüsieren, nicht ärgern.

Rosa ließ ihre Blicke über die Anwesenden wandern. Konrads täglich mit Sprühkleber quer über dem Schädel fixierte Haarsträhne lag heute besonders eng an,

Seefelds Haltung hätte auch neben der Queen untadelig gewirkt und Henriette Zucker trug eins ihrer üblichen Outfits: ein altrosafarbenes Kleid mit Plisseerock und Spitzenoberteil im Stil der Zwanzigerjahre, einen mintfarbenen Haarreif und gelbe Turnschuhe. Der Rest der grauen Köpfe thronte auf mehr oder weniger formlosen Körpern und auf mehr oder weniger formloser Kleidung. Einigen sah Rosa die Vorfreude an, andere schauten immer wieder nervös zu den drei Personen, die in einer Ecke des Tanzstudios mit einer Kamera, einem Fotoapparat und einem Mikrofon hantierten. Leidenschaftlich? Nein. Abgesehen von ihr selbst, natürlich.

„Sie haben bereits alle bemerkt, dass wir heute Gäste in unserem Studio haben."

Die drei in der Ecke unterbrachen ihre Arbeit und winkten freundlich in die Runde. Rosa schätzte sie auf unter dreißig. Der eine trug Pferdeschwanz, Ziegenbärtchen und Schiebermütze, der andere sah aus wie ein Surfer auf dem Trockenen, und die kurzhaarige junge Frau in Jeans und T-Shirt, die die Kamera ausrichtete, schien die Anweisungen zu geben.

„Diese drei Künstler haben auch unsere Werbefotos gemacht und das Tanzvideo gedreht, das Sie vielleicht auf unserer Homepage gesehen haben."

Eine füllige Dame in knallrotem Nicki-Anzug klatschte begeistert in die Hände, die anderen schauten bei dem Wort „Homepage" konsterniert.

„Nun, heute sind die drei hier, um Aufnahmen für ein großes Unternehmen zu machen, das zum Beispiel Haarpflege und Kosmetik herstellt und sich besonders auf die reiferen Kunden spezialisiert."

„Haben Sie Pröbchen dabei?", wollte die Rotflauschige von den Filmleuten wissen.

Henriette Zucker kicherte laut, Konrad tatschelte ihre Hand, Seefeld atmete ein einziges Mal ein winziges bisschen lauter aus als normal, nur Rosa seufzte laut und vernehmlich.

„Ich hoffe, dass Sie sich durch die Anwesenheit nicht gestört fühlen, und ich versichere Ihnen, dass das Material nur verwendet wird, wenn Sie sich damit einverstanden erklären – selbstverständlich nachdem Sie die Gelegenheit hatten, sich die Bilder oder Filmsequenzen anzusehen."

Rosa bemerkte, dass das Objektiv der Kamera genau auf sie zeigte, und straffte die Schultern noch ein wenig mehr. Wenn überhaupt irgendjemand in diesem Raum als positives Beispiel für würdevolles Altern infrage kam, dann ja wohl sie!

Der Tanzlehrer klatschte freudig in die Hände und

öffnete den Mund, um nun endlich zur Sache zu kommen, wurde aber von einer dürren Frau unterbrochen: „Entschuldigung, aber bevor es losgeht – wo ist denn die Toilette?"

Während mehr als die Hälfte der Teilnehmer in die angegebene Richtung verschwand, gratulierte Rosa sich wieder einmal zu ihren täglichen Übungen, die die Kräftigung der Beckenbodenmuskulatur einschlossen. Wie sollte man sein Leben genießen, wenn man ängstlich darauf bedacht sein musste, sich nicht mehr als zwanzig Meter vom nächsten Klo zu entfernen?

Eine Stunde später lachte Rosa verschwitzt, aber glücklich. Seefeld war tatsächlich ein hervorragender Tänzer. Er hielt den Takt, absolvierte die Schritte, Drehungen und Armbewegungen rhythmisch und präzise und führte Rosa ebenso resolut wie zuverlässig. Seine Bewegungen waren geschmeidig, und er schaffte es immer wieder, den anderen Tänzern, die orientierungslos über das Parkett stolperten, aus dem Weg zu gehen. Im Gegensatz zu einigen anderen, die jeden Schritt kommentierten oder laut – und meist falsch – zählten, hielt Seefeld den Mund. Er tadelte Rosa nicht, wenn sie ihm auf den Fuß trat, zischte ihr keine Anweisungen zu und belästigte sie auch in den kurzen Atempausen nicht mit Small Talk. So konnte Rosa sich ganz dem Rausch der Musik und der Bewegung überlassen. Selbst die Kameraleute hatte sie vergessen.

Viel zu schnell war der Nachmittag vorbei. Der Tanzlehrer, inzwischen deutlich überfordert von der Anstrengung, gegen das Gekichere und Geflüstere anzubrüllen und einen Überblick über das ständige Kommen und Gehen zwischen Tanzstudio und Toilette zu behalten, dankte matt für die fleißige Teilnahme. Seine Worte fanden besonderen Anklang bei den vier Schwänzern, die schon die letzte halbe Stunde an der Bar bei mehreren Gläsern Prosecco verbracht hatten, anstatt sich weiter zu bemühen. Auch Konrad sah erleichtert aus. Zwar hatte Rosa ihn schon lang aus den Augen verloren, aber die Anfänge, die sie mitbekommen hatte, waren erstklassiges Futter für ihre Schadenfreude. Henriette Zucker konnte weder den Takt halten noch die angegebenen Schritte ausführen. Gab der Tanzlehrer den Damen die Anweisung, mit dem rechten Fuß zurückzugehen, trat sie links vor. Konrads Schuhe legten beredtes Zeugnis ihres völligen Talentmangels ab. Wie sich seine Zehen anfühlten, konnte Rosa sich lebhaft vorstellen.

„Es war mir ein Vergnügen", sagte Seefeld mit einer kleinen Verbeugung. Ihm sah man die Anstrengung nicht an. Kein Wunder, der Mann ernährte sich von Müsli, Tee und Gemüse, trieb Frühsport, bevor normale Menschen überhaupt aufstanden, und hatte eine Figur wie ein Leistungssportler.

„Mir auch", sagte Rosa. Von sich selbst überrascht fügte sie hinzu: „Ehrlich."

„Ich weiß", erwiderte Seefeld. „Aus reiner Höflichkeit zu lügen ist nicht Ihr Ding."

Rosa lachte. „Da sind wir uns ähnlich."

Das Zucken in Seefelds Mundwinkeln nahm Rosa als amüsierte Zustimmung. Näher würde er einer Darstellung ausgelassener Lebensfreude nicht kommen.

„Dürfte ich Sie wohl kurz sprechen?"

Inzwischen hatte jeder ein Glas Prosecco in der Hand, Rosa sogar zwei, denn Seefeld trank keinen Alkohol. Sie leerte das eine und drehte sich zu der jungen Frau um, die die Kamera geführt hatte.

„Ich möchte Sie gern als Model für unsere Werbeaufnahmen haben."

Rosa nickte huldvoll. Die Anfrage überraschte sie nicht im Geringsten.

„Irgendwo hier muss es sein", sagte Rosa. Sie stürmte voraus, während Seefeld, Konrad und Henriette Zucker ihr amüsiert folgten. Einen Fernsehspot gab es nun doch nicht, aber die Kampagne in Zeitschriften und auf Plakatwänden würde die Republik flächendeckend überziehen, hatte man ihr gesagt, und die wollte sie nun endlich sehen. Wenn diese Kampagne einschlug, konnte sie vielleicht weitere Aufträge an Land ziehen. Nachdem sie ihre Schauspielerei viel zu früh an den Nagel gehängt hatte, stand ihr die Möglichkeit einer zweiten Karriere offen, dessen war sie sich sicher. Rosa war so in ihre Zukunftsplanungen versunken, dass sie fast an der Plakatwand vorbeigelaufen wäre. Ja, da war sie! Aufmerksam betrachtete sie das Plakat, aus dessen Mittelpunkt ihr ihr eigenes Gesicht entgegenblickte. Seefeld und die anderen Teilnehmer des Schnupper-Tanzkurses blieben unscharf im Hintergrund, nur Rosa war zu erkennen. Und wie! Lebendig sah sie aus, leidenschaftlich, mit einem Ausdruck wahrer Verzückung auf dem Gesicht. Gut, die Falten um die Augen hätte man ein wenig retuschieren können, aber im Großen und Ganzen …

Zufrieden drehte Rosa sich zu ihren Begleitern um. Aber in deren Mienen las sie keine Begeisterung, sondern Bestürzung bei Konrad, Belustigung bei Frau

Zucker und die übliche unergründliche Neutralität bei Seefeld.

Irritiert drehte sich Rosa wieder um, ließ ihren Blick über den Bildausschnitt wandern: ihr Haar, die strahlenden Augen, die rosigen Wangen, der leicht geöffnete Mund – alles top, nichts auszusetzen. Sie trat einige Schritte zurück, bis sie zwischen Konrad und Seefeld stand, um das gesamte Plakat in Augenschein zu nehmen.

Und dann sah sie es.

Nicht ihr Bild war das Problem, sondern das Produkt, für das sie Werbung machte. Von wegen Kosmetik und Haarpflege. Der Slogan über ihrem Foto lautete:

Zuverlässig und diskret –
Das Leben genießen, trotz Inkontinenz!

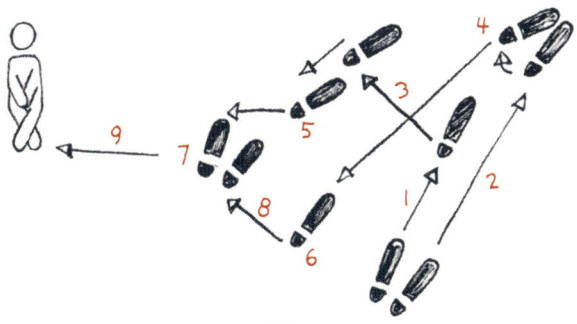

Kurt Tucholsky

Das Stundenkonto

Vor Monaten bin ich einmal mit der Puff-Puff-Bahn von Paris nach Berlin gefahren, denn ich wollte meinem Verleger ins treue Auge sehn … („Sie werden auch nie lernen, ein Feuilleton richtig anzufangen. Das fängt man gefälligst so an: ‚Das Flugzeug surrte über Le Bourget ab, das gute, alte Paris tief unter sich lassend …'") Ja, also ich fuhr mit der Bahn.

An der belgischen Grenze stimmte irgendetwas mit den Uhren nicht; mein mangelhafter mathematischer Verstand lässt es niemals zu, zu verstehen, was da eigentlich vor sich geht; einigen wir uns auf: mitteleuropäische Zeit in Idealkonkurrenz mit der Sommerzeit. Kurz und gut: Die Uhren wiesen auf einmal eine Differenz von sechzig Minuten auf. Statt viertel eins war es plötzlich viertel zwei. Das ließ einen der Reisegefährten nicht ruhn. Er wandte sich an den belgischen Zugbeamten.

„Wir haben eine Stunde gewonnen, nicht wahr –?", sagte er. „Nein", sagte der Mann. „Sie haben eine Stunde verloren." – „Nein, gewonnen!", rief der Reisegefährte. „Nein, verloren!", rief der Schaffner. Es war wunderschön. Der Gefährte fing an, die Astronomie, etwas Regeldetrie und eine Prise Einstein in einem Topf zu rühren, den er triumphierend dem Schaffner präsentierte. „Wir haben also eine Stunde gewonnen", sagte er, „wir kommen eine Stunde früher an –!" Es hätte nicht viel gefehlt, und er hätte die Hände vor dem Mund bewegt, wie es die Zirkuskünstler machen, wenn ihnen ein besonders schöner Salto gelungen ist … Der Schaffner nahm den Topf nicht an. Er sagte vielmehr etwas ganz Überraschendes.

„Sie haben eine Stunde verloren!", sagte er. „Denn Sie haben eine Stunde weniger zu leben." Nie, niemals ist mir der Unterschied der beiden Länder so stark aufgegangen wie in diesem Augenblick.

Wir Deutschen wollen immerzu ankommen, am liebsten gestern, wir möchten es ganz eilig haben, und wenn es schneller, noch schneller, am allerschnellsten geht, dann bilden wir uns ein, etwas gewonnen zu haben. Der Franzose will leben. Dieser Schaffner trug eine belgische Uniform, aber es war etwas durchaus Französisches, was er da gesagt hatte. Der Franzose will leben.

Und er lebt auch, als ob er tausend Jahre zu leben hätte. Verabrede dich am zweiten des Monats mit einem Pariser; es ist nicht ausgeschlossen, dass er dir eine Zusammenkunft für den achtundzwanzigsten vorschlägt.

Frankreich ist so schön weit weg von Amerika ... Am achtundzwanzigsten kommt er dann auch angewackelt, er hat es nicht vergessen. Alles, alles kannst du in Paris – aber etwas an einem einzigen Vormittag erledigen: das mach mir mal vor. Du hast gar keine Zeit, und der Franzose hat viel zu viel, und so kommt ihr schwer zusammen.

Natürlich hat auch der Schaffner einen Denkfehler gemacht; denn in Wahrheit ändert der vorgestellte Zeiger nichts an der Dauer unseres Lebens; aber so denken sie hier. Ich weiß nicht, ob man damit „vorankommt"; ich kann auch nicht beurteilen, ob man so gute Geschäfte macht, ob das Land auf diese Weise konkurrenzfähig bleiben wird, bis in alle Ewigkeit ... das weiß ich alles nicht. Ich weiß nur, dass die Franzosen erst einmal leben wollen, und dem hat sich alles andere unterzuordnen. Einmal hatte es ein Deutscher sehr eilig in Paris, als er bei Tisch saß, und er sagte das auch dem Kellner ... Darauf jener: „Wenn Sie keine Zeit haben, dann müssen Sie nicht frühstücken –!" Das ist eine Lebensweisheit. Die Franzosen bummeln nicht, sie sind nicht säumig, noch weniger etwa faul, wie schlechte Lesebücher das deutschen Kindern manchmal einreden wollen. Ihr Lebensrhythmus, ihr Arbeitstakt ist ein anderer, und wenn man mit ihnen fertigwerden will, so muss man sich diesem andersgearteten Takt eben anpassen. Was für uns nicht immer einfach ist […]

Das Allermerkwürdigste ist, dass der Drang, das eigene Leben voll zu Ende zu leben, sogar den Erwerbstrieb überwiegt: erst das Leben, dann das Geschäft. Und es ist ungemein bezeichnend für die Lebensauffassung der Franzosen, dass sie in prekären Lagen vorziehen, weniger auszugeben, also zu sparen, als mehr zu verdienen. Mit dem Klischee „Es ist eben ein Rentnervolk" kommt man der Sache nicht näher – denn Rentner arbeiten nicht so viel, wie es hier Frauen und Männer allenthalben tun.

Dazu kommt, dass die neue junge Generation denn doch wesentlich anders aussieht – sie ist flinker, schneller, tangogescheitelter, autohafter, anders. Und doch französisch. Es ist – unübersetzbar –: „un peuple débrouillard", ein Volk, das die Sache „schon schmeißt", das sich herausfindet und herauswindet; das, scheinbar planlos, bis hart an den Rand des Abgrunds rollt und dann – im allerletzten Augenblick – eines jener Wunder vollbringt, von denen die französische Geschichte voll ist. So haben sie ein sauber geführtes Stundenkonto, anders als das unsere – und auf der Aktivseite steht ein Posten, der alle, alle andern überstrahlt: das Leben.

Hagen Haas

Rentnersprache

Gerd war schon seit jeher am Puls der Zeit. Mehr als einmal war er seiner Zeit sogar weit voraus gewesen, ein regelrechter Trendsetter. In der Schule gehörte er zu den Ersten, die Rock 'n' Roll hörten. Die Beatles sah er 1962 live im Star-Club. Als er sich einige Jahre später sein erstes Auto leisten konnte, einen gebrauchten VW-Käfer, fuhr er mit seiner großen Liebe Anneliese in den Urlaub nach Italien – und machte ihr einen formvollendeten Heiratsantrag in einer venezianischen Gondel.

In den Siebzigern ließ er sich rebellisch die Haare wachsen, rauchte Marihuana und tauschte seinen Käfer erst gegen einen Bulli und diesen dann am Ende des Jahrzehnts gegen einen Golf ein. In den Achtzigern überredete er Anneliese, einen heruntergekommenen Altbau zu kaufen, um ihn nach eigenen Vorstellungen zu sanieren und auszubauen. Eine kluge Entscheidung, denn der Wertzuwachs der Immobilie in den folgenden Jahrzehnten war enorm.

Den Jakobsweg ging Gerd bereits 1997, also immerhin

neun Jahre vor dem Rummel dort durch Hape Kerkelings Bestseller.

Inzwischen war Gerd schon lange in Rente. Aber am Puls der Zeit war er immer noch – und darauf legte er auch großen Wert.

Er hatte früh ein Handy, und als die alten, noch recht klobigen Modelle von den eleganten und leistungsstarken Smartphones mit Touchscreen abgelöst wurden, war er auch hier ganz vorne mit dabei. Um sich fit zu halten, schwor er seit Jahren auf Yoga. Nordic Walking hatte er auch ausprobiert, aber als dann alle damit anfingen, verlor er schnell die Lust daran und widmete sich stattdessen lieber seinem Urban-Gardening-Projekt im Hinterhof.

Außerdem las Gerd gerne und viel – die einzige Sache, bei der er vielleicht ein bisschen altmodisch war. Den Fernseher schaltete er eigentlich nur für die Nachrichten ein.

Gerd las alles: Tageszeitung, wöchentliche Magazine, Sachbücher und Romane – und hier sowohl neuere Werke als auch die Klassiker, wobei er die natürlich inzwischen größtenteils kannte. Eines Tages stolperte er über einen Artikel, in dem es um Jugendsprache ging. Weil er einen dreizehnjährigen Enkel hatte, merkte er sich einen der dort erklärten Ausdrücke, um zu gegebener Zeit den Jungen damit zu überraschen, wie gut er sich immer noch auskannte.

Einige Wochen später wurden Gerd und Anneliese von ihrer Tochter darum gebeten, auf Enkel Leon aufzupassen, denn sie und der Schwiegersohn waren zu einer exklusiven Hochzeit in ein Berghotel eingeladen worden. Leon hätte zwar mitkommen dürfen, hatte daran aber ebenso wenig Interesse wie seine Eltern, die sich auf ein freies Wochenende freuten. Es hatte sich eingebürgert, dass Opa und Oma, wenn sie auf Leon aufpassten, das Gästezimmer im Haus ihrer Tochter bezogen. Bei sich zu Hause hatte das Kind all sein Spielzeug und außerdem konnte die Katze gleich mitversorgt werden. Natürlich war inzwischen das einzige Spielzeug, für das Leon sich noch interessierte, seine Spielekonsole. Aber wie das mit Traditionen so ist… und die Katze war ja auch noch da.

Die Hochzeit fand an einem Samstag statt und Leons Eltern waren bereits am Freitagmittag aufgebrochen. Gerd und Anneliese hatten ihr Gästezimmer am frühen Nachmittag bezogen, als Leon noch beim Sport war. Während Anneliese schnell eine Ladung Wäsche für ihre Tochter durchwusch und schon mal die Katze fütterte, hatte Gerd es sich in der offenen Wohnküche gemütlich gemacht und las die Wochenzeitung, natürlich online auf seinem Tablet-PC, er war ja nicht von gestern. Irgendwann hörte man den Schlüssel in der Vordertür und kurz darauf kam Leon in die Küche geschlurft, ließ seine Sporttaschen achtlos mitten auf den Boden fallen und hob lässig die Hand, als sein Großvater aufblickte: „Hey, Opa."

„Hey, Enkel", erwiderte Gerd schmunzelnd, während Leon die Kühlschranktür öffnete und den Inhalt inspizierte.

„Boa, ey, kein Schokopudding mehr", stellte er enttäuscht fest.

Gerd blickte erneut von seinem Tablet auf. „Wir wollten morgen einkaufen. Dann können wir ja neuen mitbringen."

„Fresh. Am besten gleich 'ne Ladung voll", schlug Leon vor, während er immer noch den Kühlschrank nach Essbarem absuchte.

Gerd nickte. „Safe."

Das war der Ausdruck, den er sich im Jugendsprache-Artikel gemerkt hatte. Er bedeutete so viel wie: „Sicher. Gewiss. Verlass dich darauf."

Zufrieden registrierte er, dass sein Enkel offensichtlich wahrgenommen hatte, wie lässig Opas Antwort ausgefallen war. Leon blinzelte, ließ dann die Kühlschranktür zufallen und schaute Gerd an, als ob der etwas sehr Sonderbares gesagt hätte. Dann nuschelte er in seinen nicht vorhandenen Bart: „Als ob."

Nun blinzelte Gerd, denn leider kannte er diesen Ausdruck nicht. „Als ob – was?", hakte er nach.

Leon schaute ihn mit einem Ernst an, den man einem Dreizehnjährigen gar nicht zugetraut hätte, und stellte dann bemüht diplomatisch fest: „Opa, du bist ja sonst echt cool. Aber lass das mit der Jugendsprache."

Gerd passte es überhaupt nicht, so von seinem Enkel zurechtgewiesen zu werden, aber leider fiel ihm im Moment keine bessere Erwiderung ein als: „Warum?"

„Weil das einfach nur peinlich ist!", kam es wie aus der Pistole geschossen zurück.

Gerd fühlte sich in seiner Ehre gekränkt. „Du meinst, weil ich kein Jugendlicher mehr bin?"

Leon nickte.

„Darf ich sie denn nicht trotzdem benutzen? Sozusagen als Fremdsprache?"

Leon schüttelte den Kopf: „Auf keinsten. Ich will dich ja nicht dissen, aber du checkst nicht, was nice ist – und was cringe. Ihr Boomer gehört nicht zum Squad. Face it."

Gerd war sprachlos. Er hätte sich gerne mit einem passenden Konter verteidigt, aber daran war nicht zu denken, denn er hatte leider nicht mal die Hälfte von dem verstanden, was sein Enkel gerade von sich gegeben hatte. Dieser pubertierende Rotzbengel hatte ihn einfach so mundtot gemacht!

Verdrießlich brummte er: „Wenn du meinst", und vertiefte sich dann wieder in seine Online-Zeitung. Dabei ärgerte er sich heimlich darüber, dass er nur einen kleinen Tabletbildschirm in der Hand hielt. Hinter einem alten, großformatigen Blatt aus raschelndem Papier hätte man deutlich besser in Deckung gehen können…

Den ganzen Abend über hielt Gerds schlechte Laune an. Während des Abendessens fiel das nicht sonderlich auf, denn Anneliese fragte ihrem Enkel Löcher in den Bauch und Leon musste ihr ausgiebig von Schule, Sport und sonstigen Hobbys berichten. Sobald er die Chance dazu hatte, verabschiedete er sich nach oben auf sein Zimmer, um noch ein wenig zu „zocken".

Kaum war der Junge aus der Küche geflitzt, wandte sich Anneliese Gerd zu. „Was ist mit dir los? Bist du schlecht gelaunt?"

Gerd war kurz in Versuchung, zu dementieren, denn eigentlich wollte er über sein Jugendsprache-Waterloo gar nicht mehr reden. Aber Anneliese kannte ihn seit über fünfzig Jahren, er konnte ihr sowieso nichts vormachen. Also berichtete er seiner Frau von dem peinlichen Vorkommnis. Als er geendet hatte, schaute sie ihn mit einer Mischung aus Mitgefühl und Belustigung an. „Das kommt davon, weil du immer so angeben musst", stellte sie sachlich fest – und bevor Gerd eine verärgerte Erwiderung geben konnte, fuhr sie versöhnlich fort: „Ich weiß ja, wie wichtig es dir ist, immer am Puls der Zeit zu sein. Aber lass doch die Jugendsprache den Jungen. Wir hatten damals doch auch unsere eigene Sprache, die die Alten nicht verstanden haben – und gar nicht verstehen sollten!"

Gerd brummte unzufrieden, widersprach aber nicht. Er wusste ja, dass Anneliese eigentlich recht hatte. Bei „Jugendsprache" war ja bereits im Wort ein deutlicher Hinweis darauf eingebaut, wer die bevorrechtigten Sprecher waren. Außerdem brauchte natürlich jede Generation irgendetwas, um sich von den Eltern abzusetzen, und erst recht von den Großeltern.

Trotzdem ließ ihm die Sache irgendwie keine Ruhe. Eigentlich hatte Gerd im Gegensatz zu vielen seiner Altersgenossen keinerlei Schlafprobleme, aber in dieser Nacht lag er lange wach. Seine Gedanken kreisten unaufhörlich um das missglückte Gespräch mit seinem Enkel. Er wollte nicht nachtragend einem Dreizehnjährigen gegenüber sein und er hatte auch verstanden, dass sein Einfall mit der Jugendsprache bei Licht besehen nicht sein allerbester gewesen war. Trotzdem wollte er sich nicht so einfach geschlagen geben.

Stundenlang grübelte er darüber nach, wie er der Sache doch noch eine positive Wendung geben konnte.

Dann, ganz plötzlich…

… war die Idee da! Gerd kuschelte sich zufrieden in seine Kissen und wenige Augenblicke später war er endlich eingeschlafen…

Am nächsten Morgen war seine Laune hervorragend, was Anneliese beim ersten Kaffee überrascht kommentierte. Gerd lächelte dazu nur hintergründig, während er voller Elan auf seinem Tablet herumwischte. Seine Frau sah ihm über die Schulter.

„Was machst du denn da?", fragte sie verwundert.

„Recherche", gab er zufrieden zurück. „Ich frische meinen Wortschatz ein wenig auf."

Anneliese sah ihn prüfend an. „Gerd Ferdinand Baumann. Was hast du vor?"

Er wurde einer Antwort enthoben, da es genau in diesem Moment klingelte.

„Ich mach schon auf!", erklärte er, erhob sich und ging zur Tür. Als er sie öffnete, stand davor ein Mädchen, das ungefähr im Alter seines Enkels sein musste.

„Hallo. Ist Leon da?", fragte sie schüchtern.

„Bestimmt. Aber ich weiß nicht, ob er schon wach ist. Warte einen Moment."

Damit begab sich Gerd in den ersten Stock und klopfte an die Zimmertür seines Enkels. Nach einigen Augenblicken öffnete dieser nur in T-Shirt und Shorts und nuschelte verschlafen: „Was'n los?"

„Spring in die Röhren, da wartet ein Backfisch."

„Was?!"

Leons irritierter Blick war einfach zu schön. Also legte Gerd gleich noch einen drauf: „Für dich ist es wohl eher eine Torte. Vermutlich aus der Penne."

„Redest du von Essen, oder was?", versuchte Leon Sinn in die Worte seines Großvaters zu bringen.

Doch dieser schüttelte nur den Kopf: „Nee, von dem steilen Zahn vor der Tür."

Leon war nun vollends verwirrt. „Was für ein Zahn?"

Anneliese war Gerd neugierig die Treppe hinauf gefolgt, um herauszufinden, was er vorhatte. Nun erlöste sie ihren Enkel, indem sie erklärte: „Vor der Tür steht ein Mädchen, das nach dir gefragt hat."

„Mia!", entfuhr es Leon. „Bin gleich fertig!"

Damit klappte er die Tür zu, um sich eilig eine Hose anzuziehen.

Anneliese blickte kopfschüttelnd zu Gerd, dem ein breites Grinsen im Gesicht stand.

„Bist du jetzt zufrieden?"

„Oh, ja! Sehr! Ich glaube, ich habe gerade mal wieder einen neuen Trend begründet." Auf ihren fragenden Blick hin erklärte er: „Rentnersprache."

„Das waren einfach nur Ausdrücke der Jugendsprache vor fünfzig Jahren", korrigierte sie ihn.

„Und die Jugendlichen, die sie damals gesprochen haben, sind jetzt was? Genau: Rentner!", beharrte Gerd gut gelaunt und fügte dann zwinkernd hinzu: „Warum sollen die Jungen die Einzigen sein, die eine eigene Sprache haben? Was die können, können wir schon lange!"

Quellen

Ilse Gräfin von Bredow, Hast du schon gehört?, aus: Ilse Gräfin von Bredow, Das Hörgerät im Azaleentopf. © S. Fischer Verlag GmbH, Frankfurt am Main 2009

Amelie Fried, Oma und Opa auf Weltreise, aus: Amelie Fried, Wildes Leben. Späte Einsichten und verblüffende Aussichten, © 2011 Wilhelm Heyne Verlag, München, in der Penguin Random House Verlagsgruppe GmbH

Kerstin Gier, Das geheimnisvolle Wetterphänomen oder warum es immer genau dort regnet, wo ich Urlaub mache, aus: Kerstin Gier, Ach, wär ich nur zu Hause geblieben, © 2012 Bastei Lübbe GmbH, Köln

Hagen Haas, Rentnersprache, © beim Autor

Käthe Lachmann, Unruhestand, © bei der Autorin

Helga Leeb, Jonathan leidet an Grippe, aus: Helga Leeb, Die Geschichte mit Jonathan, © 1989 by LangenMüller in der F.A. Herbig Verlagsbuchhandlung GmbH, München

Sławomir Mrożek, Das neue Leben, aus: Sławomir Mrożek, Der Perverse. Kurze Erzählungen 1991-1995, aus dem Polnischen von Christa Vogel, © 1995 Diogenes Verlag AG, Zürich

Franka Potente, Kore wa nan desu ka? oder „Was ist das?", aus: Franke Potente, Zehn. Stories, © 2010 Piper Verlag GmbH, München

Jutta Profijt, Buona sera, Seniorina, © bei der Autorin

Martin Suter, Das Problem der Pensionierung, aus: Martin Suter, Huber spannt aus, © 2005 Diogenes Verlag AG, Zürich

Oliver Uschmann, Unperfekt sein, aus: Oliver Uschmann, Hartmut und ich, © 2005 S. Fischer Verlag GmbH, Frankfurt am Main

Wir danken den Autoren und Verlagen für die freundliche Abdruckgenehmigung.